Cómo desarrollar el sentido del humor

MUY PERSONAL / RELACIONES

Paz Torrabadella
José Corrales

Cómo desarrollar el sentido del humor

*Las claves
de la alegría
interna*

OCEANO AMBAR

© Paz Torrabadella, 2001
© José Corrales, 2001

*Agradecemos a Mario Satz su amabilidad
para la publicación de sus artículos al final de este libro.*

Ilustraciones interior: Pere Virgili
Ilustración de cubierta: Daniel Jiménez

© Editorial Océano, S.L., 2002
GRUPO OCÉANO

*Derechos exclusivos de edición en español
para todos los países del mundo.*

*Queda rigurosamente prohibida, sin la autorización escrita de los titulares
del copyright, bajo las sanciones establecidas en las leyes, la reproducción
parcial o total de esta obra por cualquier medio o procedimiento,
comprendidos la reprografía y el tratamiento informático, así como
la distribución de ejemplares mediante alquiler o préstamo público.*

ISBN-13: 978-84-7556-120-9
Impreso en U.S.A.

Índice

Introducción 11

Primera parte: Soluciona los conflictos con humor

1. El buen humor
    El buen humor es equilibrio 15
    El buen humor es sentido común 16
    ¿De qué depende nuestro propio buen humor? 17
    El humor hace la diferencia 18
    El humor es avenirse con la realidad 20
    Ejercicios de reflexión 22
    Ejercicios de acción 23
    Manual para el propio uso y disfrute 24

2. Descubrir nuestro propio sentido del humor
    Dime de qué te ríes y te diré quien eres 27
    Cómo reírse de uno mismo 29
    Reconocer nuestra actitud 31
    Ejercicios de reflexión 32
    Ejercicios de acción 34
    Manual para el propio uso y disfrute 36

3. El lenguaje de las señales
Descubrir nuestro eslogan 41
Ejercicios de reflexión 43
Ejercicios de acción 44

4. Aprender a jugar
Los roles del juego 46
¿Por qué actuamos según un esquema? 48
Ejercicios de reflexión 50
Ejercicios de acción 50

5. Aceptar la realidad con buen humor
La realidad no dispone de libro de reclamaciones 53
Diferenciar entre «prefiero» y «necesito» 54
Cómo transformar las contrariedades
  en buen humor 57
Desenmascarar la farsa 58
Aceptar los hechos inamovibles 59
Ejercicios de reflexión 59
Ejercicios de acción 60
Manual para el propio uso y disfrute 62

6. Cómo querernos a nosotros mismos con humor
Dónde encontrar el buen humor 65
Exteriorizar nuestro humor 67
El buen humor corporal 68
El buen humor es autoestima 69
Aproximarse a los demás con buen humor 70
Afrontar la soledad 71
Ejercicios de reflexión 71
Ejercicios de acción 72

7. El buen humor como aprecio
Economía de aprecio 76
Cuanto más aprecio damos, más tenemos 77
¿Y el aprecio fingido? 78
Aprecio de curso legal 80
¿Podemos dar demasiado aprecio? 81
¿Amables nacemos o nos hacemos? 82
Recibir aprecio 82
Ejercicios de reflexión 83
Ejercicios de acción 85

8. El buen humor como sentido común
1ª Instrucción del sentido común 89
2ª Instrucción del sentido común 91
3ª Instrucción del sentido común 93
4ª Instrucción del sentido común 94
Manual para el propio uso y disfrute 95

Segunda parte: Desarrolla tu ingenio

9. El humor es algo serio
Humor y salud 99
Éxito social y profesional 101

10. La psicología del humor
Teoría de la incongruencia 105
Teoría de la superioridad 108
Teoría de las características diferenciales
  o de la caricaturización 112
Teoría de la actuación 112
Otras teorías 114
La teoría evolucionista 115
Anatomía de la risa 122
El rechazo hacia la risa 125

11. El humor a lo largo de la historia
El humor en la Antigüedad 127
El humor en la Edad Media 129
El humor a partir del Renacimiento 132
El chiste popular 136

12. La estructura del chiste
Los tres elementos básicos del chiste 139
Técnicas para construir asociaciones
    incongruentes 144
Otros elementos para construir chistes 153

13. Humor y creatividad
Un ordenador prodigioso 161
Lógica y creatividad 166
El mito de las técnicas de creatividad 167
Entrenamiento de la capacidad creativa 171
Tipos de problemas 172
Conclusiones 174

14. Cómo entrenar el ingenio
Entrenando el humor 178
Primera etapa: copiar bien 179
Segunda etapa: copiar mejor 183
Técnica para inventar chistes 184

Apéndice

Riendo se cura la gente
¿Por qué es positivo reír? 196
La risa como terapia 197

Lecturas sobre la risa
La risa y el inconsciente 201
El pájaro de la risa 203
El bambú y la risa 209
El humor de los niños 211

Bibliografía 215

Introducción

Si hay algo que caracteriza a los tiempos que nos ha tocado vivir es que la realidad circundante es cada vez más problemática: desde los medios de comunicación no cesan de llegarnos noticias preocupantes, cuando no directamente desgraciadas, relativas a todos los puntos del planeta y, en cuanto al cercano e inmediato entorno profesional y personal propio, el estrés y las preocupaciones de diversa índole son el pan nuestro de cada día.

Sin embargo y afortunadamente, a los seres humanos nos diferencia de nuestros congéneres del reino vegetal y animal que tenemos la capacidad de sonreír. Y en esta característica fundamental tenemos nuestro mejor aliado para enfrentarnos con el difícil panorama que se nos presenta cotidianamente.

En la primera parte del libro se revela a los lectores cuáles son las claves para desarrollar la capacidad de adoptar un talante positivo y optimista, que les servirá para capear diversos temporales que suponen un desafío en su vida privada, profesional y social, y cómo aprender a enfrentarse a ellos con filosofía y buen humor. En la segunda parte, se realiza un recorrido histórico del humor, se desentraña la estructura de los chistes y anécdotas que provocan hilaridad, e incluso se enseñan técnicas para crear chistes propios que introduzcan unas gotitas de risa en el entorno, lo que sin duda agradecerán quienes pertenezcan al mismo.

Porque aunque quizás no sea el descubrimiento científico más espectacular de nuestra era —tan rica en ingenios dedicados al desarrollo de complejas tecnologías—, el buen humor es sin duda el más saludable, ya que desde los campos de la medicina, la psicología y otras disciplinas afines se ha demostrado fehacientemente que la risa es salud tanto para el cuerpo como para la mente.

Deseamos pues, que este sencillo y barato remedio les siente a los lectores estupendamente y que se beneficien y disfruten intensamente del estado espiritual y físico que les creará.

Primera parte

Soluciona los conflictos con humor

Paz Torrabadella

Capítulo 1
El buen humor

*Los hombres suelen confundir
los límites de su propia visión
con los límites del mundo.*

ARTHUR SCHOPENHAUER

Decimos que tienen sentido del humor las personas que cuentan chistes, hacen bromas o reconocen el factor disparatado y absurdo en situaciones que para la mayoría de las personas son serias. Pero quien posee este ingenio humorístico no necesariamente disfruta de buen humor. Lo demuestra el hecho de que alguien puede, por ejemplo, ser un cómico excelente y, sin embargo, en su vida personal sentirse decepcionado.

Evidentemente, nuestro objetivo, antes que hacer reír a los demás, es el mantenimiento de un talante adecuado. Este buen humor que nos interesa abarca más que una serie de ocurrencias ingeniosas. Es un estado de ánimo que impregna todos nuestros pensamientos, una interpretación de la vida con la cual se sostiene un estado de ánimo positivo.

El humor es equilibrio

La palabra humor procede del griego *humus* y era empleada por los griegos para referirse a los «humores» o fluidos que llenan el cuerpo humano y nos mantienen vivos. Según los antiguos tratados de medicina, la salud o eucrasia procede del equilibrio entre dichos fluidos. Así pues, el concepto de buen humor está ligado al de equilibrio.

Nuestro estado de ánimo puede ser muy variable, desde el extremo inferior, hasta el extremo superior. Ambos polos son indeseables ya que el inferior o bajo implica sentimientos dolorosos tales como la irritabilidad o la tristeza, mientras que el extremo superior o alto nos sumiría en un excesivo optimismo, carente de autocrítica y contacto con la realidad.

El buen humor nos mantiene dentro de la zona de ánimo moderadamente positivo. Es en esta franja equilibrada y centrada entre ambos extremos donde nos encontramos más predispuestos a una relación adecuada con la realidad, algo también conocido como sentido común.

El buen humor es sentido común

Si disfrutamos de buen humor poseemos un «filtro relativizador» que nos permite vivir de acuerdo a la realidad, a como son las cosas. Observemos por ejemplo este dato: la mayoría queremos llegar a viejos, pero nadie quiere serlo. Ante esta situación, el buen humor nos aporta algo muy escaso: un pensamiento realista que nos hace ver las cosas tal y como son y no siempre como queremos que sean.

El humor es un sistema de pensamiento que nos permite superar todo cuanto la realidad deja que desear. Partiendo de nuestro ejemplo, el humor genera la obvia consideración de que nadie llega a viejo siendo joven.

Por tanto, el buen humor nos ayuda a lidiar con la realidad, unas veces positiva y otras negativa. Sin embargo, aunque entrásemos en pugna con ella, no solucionaríamos nada pues, por mucho que suframos, no cambiaría por ello. Es decir, nuestro buen humor, como un arte marcial, no cambia la realidad, sino que nos permite dar la vuelta a las circunstancias, relativizarlas, contextualizarlas y ver soluciones originales. Por eso, cuando las personas disponemos de buen humor trivializamos las deficiencias de la realidad, hacemos un chiste de ellas. Y, una vez reímos de nuestras propias situaciones y por tanto de nosotros mismos, lo tenemos casi todo ganado.

El buen humor es provocado por:

- La apertura a la experiencia: Un sentimiento de sentirse a gusto con uno mismo (conciencia).
- Un pensamiento adecuado y consciente: El diálogo interno objetivo y relativamente positivo (control).

El buen humor genera como resultado:

- El darse cuenta de cómo uno piensa y siente (conciencia).
- La toma de decisión consciente sobre hechos y actitudes en las relaciones, que se convierten en más adultas, gratificantes y felices (control).

¿De qué depende nuestro propio buen humor?

La capacidad de utilizar el sentido del humor no es algo que le toque a uno por azar, sino que puede cultivarse desde los primeros años de vida. Es un estilo de pensamiento.

Si por ejemplo, en una familia se reacciona ante los problemas analizando con realismo una situación y actuando de la forma más lógica posible, los niños que pertenecen a ésta crecen convencidos de que pueden influir en los hechos que les toque vivir, siempre que atiendan a la realidad y piensen sensatamente. Este entrenamiento hará que relativicen sus contratiempos, con lo cual su equilibrio anímico estará «abonado».

Por el contrario, en familias en las que se reacciona ante los problemas con angustia, se buscan culpables, lo cual genera enfado. En ellas, los pequeños son instruidos en la idea de que poco pueden hacer para cambiar las cosas o incluso de que ellos o los demás son culpables de lo mal que se presente la realidad. Esta filosofía conlleva sufrimiento y genera una especie de fatalismo, una aceptación de que las situaciones tienen a veces desenlaces inevitables y, en general, fatales.

Afortunadamente, somos libres en nuestro pensamiento. Como adultos, nos formamos nuestras propias opiniones de cuanto nos rodea y, con sentido común, podemos cuestionarnos lo que hacían aquellos que nos criaron. Y, por tanto, podemos desarrollar el sentido del humor si nos lo proponemos.

El humor hace la diferencia

Un famoso best seller de la autoayuda hizo famosa la máxima «yo estoy bien, tú estás bien». Esta es una consecuencia de lo que Eric Berne llamó la «posición existencial adulta», que consiste en el pensamiento «yo estoy más o menos bien — tú / vosotros / los otros también». Si bien ambas afirmaciones suenan casi igual, significan cosas absolutamente distintas.

La primera afirmación es ingenua y se presta a todo tipo de conclusiones irracionales. Huelga decir que mucha gente está en muchos aspectos, equivocada, dolida, frustrada… Es decir, muy lejos de la afirmación «bien».

Supongamos un ejemplo: llegas a un sitio lleno de gente y, justo en el momento de entrar, todos estallan en una risa estrepitosa.

Tu corazón reacciona acelerándose y otras respuestas físicas delatan tu reacción emotiva. Esto es debido a que las emociones se expresan a través de reacciones físicas momentáneas.

Los sentimientos incluyen las emociones, pero les añaden duración. ¿Cómo? Asociándolas a un pensamiento, imponiéndoles un «significado psicológico».

La fórmula que construye el sentimiento es la siguiente:

Emociones   + Pensamiento   = Sentimiento emocional

(Activación física) + (etiqueta cognitiva) = Estado de ánimo
o humor

De este modo, tenemos que justo al entrar en un sitio repleto de gente, todos han estallado en risas y nuestro cuerpo ha reaccionado mediante ciertas respuestas físicas. En ese preciso momento, se nos pueden ocurrir muchas cosas.

Veamos unos ejemplos:

- «He vuelto a hacer el ridículo por algo. La culpa de que se rían es algún fallo mío». En este caso, te sentirás humillado y avergonzado. Lo que indica que piensas: «Ellos están bien. Si alguien está mal, soy yo».
- «Se ríen sin motivo alguno, es porque son mal educados, tontos o egoístas». En este caso, te sentirás enfadado o despectivo. Ello demuestra que partes de la posición: «Yo estoy bien. Si alguien está mal, son los demás».

Evidentemente tanto quien sistemáticamente se culpa como quien acusa padece un estado de ánimo negativo.

- Pero también alguien que prejuzgara «yo estoy bien siempre y los demás están bien siempre» reaccionaría de forma desajustada e ingenua, pues deduciría cosas como:

«Se ríen porque se alegran de verme y soy un tipo imponente». Algo tan iluso, le reportaría amargas decepciones tarde o temprano.
• La postura equilibrada, da lugar a ideas del tipo: «Se están riendo por algo, a ver si me entero de qué y reímos juntos». Esta posición realista parte de la apertura a la realidad: «yo estoy más o menos bien y los otros, de momento, confío que también».

¿Cuál es la reacción habitual en nosotros mismos?
Ser conscientes de nuestras reacciones habituales o de las tendencias naturales que tenemos nos advierte de lo absurdo de nuestros pensamientos y reacciones. De este modo, podemos ver el lado cómico de nuestras propias interpretaciones, permitiéndonos un mejor y más provechoso ajuste a los hechos.

El humor es avenirse con la realidad

Son numerosas las personas que desde los más remotos tiempos hasta la actualidad han procurado un sistema cognitivo que interprete las cosas de la forma más realista posible. Ya Sócrates, el lúcido filósofo griego, evidenció su respeto por la sensatez en su

Apología cuando por ejemplo decía: «Parezco un poco más sabio que los demás, porque lo que no sé, reconozco no saberlo». Lo común es lo contrario, empeñarse en que las cosas sean como no son; tal como el exbeatle John Lennon decía «la vida es lo que pasa mientras estamos haciendo otros planes».

He aquí como Thimoty Miller, en su libro *Cómo amar lo que tienes*, alertaba sobre cómo el querer mejorar la realidad nos lleva, en mucho casos, a perdernos lo mejor de ésta:

Vea lo que vea, véalo completamente sin reservas. Toque lo que toque, tóquelo completamente sin reservas. Haga lo que haga, hágalo completamente sin reservas. Diga lo que diga, dígalo completamente sin reservas. Preste atención, cuando bañe a su perro, pruebe a imaginarse que es el único ejemplar que se conserva de una especie en extinción; cuando vea la televisión imagínese que acaba de llegar de otro planeta donde no existe nada parecido a ella; cuando coma copos de maíz, imagínese que acaba de salir de una mazmorra donde ha pasado veinte años sin ingerir más que bazofia y agua turbia... Estas fantasías le permitirán realizar tareas rutinarias como si no lo fueran.

En efecto, si nos tomáramos así las cosas, veríamos que muchas situaciones cotidianas en apariencia monótonas o frustrantes encierran realmente los momentos más plenos y gozosos. También Claudio Naranjo, en su libro *Teoría y técnica de la psicoterapia gestáltica*, se ocupó del tema, aportando esta interesante idea al mismo, una verdadera receta para contrarrestar las actitudes negativas:

- *Vive ahora. Ocúpate del presente antes que del pasado o del futuro.*
- *Vive aquí. Ocúpate de lo que está presente antes de lo que está ausente.*
- *Deja de imaginar cosas. Experimenta lo real.*
- *Deja de pensar cosas innecesarias y, en lugar de ello, mira y disfruta.*

- *Expresa en vez de manipular, explicar, justificar o juzgar.*
- *Entrégate a la desazón y al dolor de la misma manera que te entregas al placer. No limites tu conciencia.*
- *No aceptes otros debes ni deberías que los que tú te impongas. No adores ídolo alguno.*
- *Asume plena responsabilidad por tus acciones, sentimientos y pensamientos, acepta ser como eres.*

Si reparamos en ello, descubrimos que, pase lo que pase, todo está más o menos bien. Las cosas son como tenían que ser, aunque la razón aún se nos esconda. Si somos desgraciados es porque ignoramos que, de hecho, ya somos dichosos. Es así de simple y si lo reconocemos, somos felices en el acto. Pero, ¿cómo nos podemos dar cuenta? Manos y pensamiento a la obra, ejercitemos nuestro desaprovechado sentido común.

Ejercicios de reflexión

1. Enumera cinco situaciones en las que acostumbras a sentirte de muy buen humor.

2. Enumera cinco situaciones en las que acostumbras a sentirte de mal humor.

3. Cita cinco ideas distintas, por disparatadas que sean, que podrían hacerte sentir de mejor humor en cada una de las situaciones citadas en el punto 2 (puedes usar ideas del punto 1).

4. Cita cinco ideas distintas, por absurdas que sean, que podrían hacerte sentir todavía de peor humor en cada una de las situaciones citadas en el punto 2.

5. ¿Crees que alguna de las respuestas al punto 4 ó 5 podría tener resultados paradójicos? ¿Por qué?

6. Cita cinco razones que tienes para sentir satisfacción en tu vida (no importa si parecen disparatadas o tontas).

Poner por escrito tus reflexiones con la guía de este breve cuestionario te ayudará a ver lo positivo de tu carácter y a conocer qué es lo que te causa satisfacción o lo contrario. Pero, sobre todo, es importante que una vez que tengas claras tus ideas, las lleves a la práctica en los siguientes

Ejercicios de acción

1. Piensa en una actividad que realices cada día (puede ser desde lavarte los dientes, hasta tomar el autobús, pasando por recoger la cocina). Apunta cinco motivos de satisfacción que puedes tener mientras llevas a cabo estas acciones, por más insignificantes que sean.

2. Enuncia para cada uno de los motivos del punto 1 algo que puedes hacer para disfrutarlo.

3. Cuando vayas a realizar la acción cotidiana de la pregunta 1, imagínate, por espacio de unos minutos, realizándola y disfrutando al máximo de cada uno de los motivos anteriores. Imagina también que te envuelve una preciosa nube de color rosa mientras la realizas. Haz volar la nube hacia el espacio y realiza este ejercicio en la realidad. ¿Qué diferencias has percibido?

4. Cuando estés realizando una acción en compañía de otra persona de tu entorno más cercano pregúntate: ¿Qué tiene de divertido esta situación? Si no tiene nada de divertido, pregúntate: ¿Qué podría hacerla divertida ? Repite la pregunta durante varios días y apunta cinco ocurrencias cómicas —no importa lo locas que puedan parecerte— y, por último, cuando estés realizando dicha acción, incluye alguna de tus ideas para hacerla más divertida.

Aunque no lo creas, esto tan sencillo puede cambiar sorprendentemente tu punto de vista y, sobre todo, mejorar enormemente tu humor.

Manual para el propio uso y disfrute

Test: ¿Cómo reacciono ante los problemas?

Contesta para cada una de estas preguntas, primero pensando si la persona protagonista fueras tú, luego repite el cuestionario tres veces más pensando en que contestarían las tres personas con quienes más tratas respectivamente. Sólo tienes dos opciones de respuesta:

a- «la culpa es mía»
b- «la culpa es de los demás»

1. Problema: La ventana del despacho quedó abierta mientras caía una tormenta. Al regresar todos los documentos imprescindibles se han convertido en una masa blanda de pasta de papel manchada de tinta.

si le hubiera pasado a:

	la culpa es de otro	la culpa es suya	las desgracias pasan
mi padre			
mi madre			
mi amigo			
mi enemigo			
mi mismo			

El buen humor ~

2. Problema: La deliciosa salsa mayonesa recién comprada tenía salmonela y, tras almorzar opíparamente, apareció una enfermedad que duró unas 48 horas.

si le hubiera pasado a:

	la culpa es de otro	la culpa es suya	las desgracias pasan
mi padre mi madre mi amigo mi enemigo mi mismo			

3. Problema: El enorme cuadro colgado encima del sofá que se encuentra frente al televisor se desplomó sin previo aviso sobre los sufridos televidentes.

si le hubiera pasado a:

	la culpa es de otro	la culpa es suya	las desgracias pasan
mi padre mi madre mi amigo mi enemigo mi mismo			

4. Problema: Alargamos demasiado la sobremesa y ya no llegamos al comienzo de la película.

si le hubiera pasado a:

	la culpa es de otro	la culpa es suya	las desgracias pasan
mi padre			
mi madre			
mi amigo			
mi enemigo			
mi mismo			

Capítulo 2

Descubrir nuestro propio sentido del humor

*¿Qué somos los vivos
sino muertos de permiso?*
                                    MARCOS ACOSTA

De hecho los seres humanos parecemos los únicos animales que, aunque sabemos que debemos morir algún día, actuamos como si no fuéramos a morir jamás. Damos por sentado que esto de morirse les pasa sólo a los demás. Este absurdo que nos caracteriza será probablemente lo que nos autodestruya como especie y nos plantea la cuestión de si somos ya realmente tan humanos como pretendemos ser o simples y prepotentes como verdaderos payasos de circo.

Cuando excepcionalmente alguien es sensato y considera que todos moriremos, se da cuenta que la consecución de cuanto queremos es importante, pero su disfrute también. Esto le hace más sereno, auténtico, desapegado, pacífico y tolerante; en suma, con un estado de ánimo mantenido sustancialmente mejor.

Dime de qué te ríes y te diré quien eres

Afortunadamente en mi primera infancia reí mucho, aunque recuerdo que me entristecían los típicos números de los payasos. La razón era que el espectáculo me parecía demasiado real. Los actores representaban a dos individuos cuyo objetivo imaginé que estaba muy lejos de hacer reír, pero que ofrecían un aspecto «exageradamente curioso». Además, cada uno de ellos se tomaba a si mismo muy en serio y, para colmo, al final las cosas les salían justo al revés de cómo deseaban. Y allí radicaba —para mis acompañantes— la gracia. Para mí, por el contrario, me parecía todo tan exagerada y típicamente humano que, en vez de risa, me suscitaban compasión.

Y es que todos somos distintos. Hay quienes sonríen de forma espontánea tan sólo con observar atentamente un árbol en una mañana de sol, mientras que otros prefieren el sarcasmo. Es decir, aquello que nos hace reír refleja nuestra propia forma de pensar.

Un estudio realizado sobre un grupo de 14.500 personas con treinta chistes desveló que los aspectos que generan la risa varían de una persona a otra y, por tanto, que los detonantes de nuestras carcajadas son enormemente diversos.

Sin embargo, algunas personas dejan de lado o incluso desprecian su propio sentido del humor porque les resultan graciosas cosas o acontecimientos que no hacen gracia a quienes les rodean. Pero todos tenemos de qué reírnos y, aunque no sea algo muy popular, merece la pena que indaguemos para dar con ello.

De hecho, aquello que nos hace gracia señala nuestra personalidad irrepetible. Y si determinamos qué es lo que más fácilmente provoca nuestra risa (ya sea charlar con alguien en concreto, leer las tiras cómicas de cierto autor o ver una película de los hermanos Marx, por ejemplo) facilitaremos nuestro buen humor. Una vez que se conozca a fondo esta peculiaridad del propio carácter, resultará más fácil disfrutar de una buena dosis diaria de risa, y la risa, como es evidente en tantos casos, es sinónimo de bienestar.

El verdadero humor está en reconocer nuestras propias tendencias y lograr reírnos de nuestras actuaciones.

Cómo reírse de uno mismo

Cada persona se caracteriza todas las mañanas para hacer de ella misma o «payasear» en el escenario de su vida cotidiana. Es todo un espectáculo cómico, en el cual la mayoría de actores desaprecian su propia gracia. Sólo aquellas personas que se toman su papel en broma pueden controlar un poco la situación, ya que esto les permite divertirse con su vida y, si lo desean, cambiarla. Cuando reconocemos el papel que estamos representando, tomamos por fin el control de nuestra situación.

Existen básicamente tres posiciones frente a la realidad, cada una de ellas con sus limitaciones. Si nos situamos como espectadores, encontramos que cada una de dichas posturas resulta cómicamente limitada, de hecho, quedan plasmadas en los clásicos tres payasos de circo:

- **El «payaso tonto»:** Ejemplifica la posición de la persona a quien sólo le importa lo que desea; es decir, se muestra infantil. Vive según sus emociones, así que actúa de forma impulsiva y al margen de la razón. Es alguien ingenuo, como un niño; todo corazón. Comete grandes disparates porque prescinde de la lógica.

Si se ríe es por un sentimiento sencillo, o por la satisfacción de sus ilusiones.

Su voz y expresión en general es o poco madura o sumisa. Emplea frases como: «¿Serías tan amable de ayudarme?»; deja las cosas libradas al azar: «¡Vamos a probar!»; o se rebela: «¡Me tienes harto!». Paradójicamente es quien se sale con la suya.

- **El «payaso listo»:** Representa la actitud de la persona a quien lo que más le importa es lo que piensa, lo que considera correcto. Actúa de forma prefijada pues considera que sus ideas son irrebatibles y está seguro de tener la razón. El resultado es que en sus argumentaciones cuadriculadas suele equivocarse.

Si ríe es porque encuentra que algo le parece ridículo o inapropiado.

Su voz y expresión es bien condescendiente o crítica.

Emplea frases tales como: «¿No les da vergüenza ir con esas pintas?»; o: «¿Cómo puedes ser tan patoso?». Se trata de un payaso que no se considera gracioso a sí mismo, sino serio e inteligente. Precisamente por eso, la broma suele ser al final a su costa.

- **El «payaso presentador»:** Es el cómico que introduce y modera a los anteriores: le importan los hechos reales, los datos, las medidas y sus pensamientos, a los que considera como acciones que puede decidir y de las que es responsable. Pregunta y escucha. El resultado es que soluciona con eficacia las situaciones.

Cuando ríe es porque ha comprendido algo y se reconoce inteligente.

Su voz y su expresión son centradas, regulares e imparciales. Acepta que él es un cómico: una parte más del espectáculo, que tiene el objetivo de resultar ameno y, en la medida de lo posible, gracioso.

Evidentemente este último es el que parece más cabal y menos hilarante. Pero interviene muy poco. Solamente al principio y, a veces, al final. También en nuestra mente la actitud sensata y objetiva acostumbra a ser la que tiene menos protagonismo, cuando tiene alguno.

Reconocer nuestra actitud

Reconocer las propias voces internas nos permite sentirnos a gusto con nosotros mismos. Supone observar nuestras propias actitudes como a través de la mirada de otro. Lo cual no se aprende en un día.

Las voces o formas de pensar que habitan en la propia mente equivalen a filosofías de la vida que permanecen en latencia, pero que pueden hacerse conscientes. Suelen ser pensamientos adquiridos desde la primera infancia y, por tanto, generalmente muy limitados o absurdos, así como menos inteligentes de los que se podrían tener en la edad adulta.

VOZ	SE DA CUENTA	PIENSA	ACTÚA
Niño («payaso tonto»)	Del disparate «¿Y si es...?»	Creativamente y se arriesga	De manera divertida y libre
Padre («payaso listo»)	De lo absurdo «Debería ser...»	Sobre lo obvio	Basándose en conocimientos tácitos
Adulto («payaso presentador»)	De lo real «¿Por qué es...?»	Analiza de forma objetiva y relativiza	De forma adulta y eficaz

Atender estos pensamientos o voces es en principio una tarea desbordante y, a la vez, un reto de apertura ante uno mismo, de mejora genuina.

El mejorar y hacerse más honesto equivale a estar receptivo hacia lo que uno mismo piensa, tener muy en cuenta que el primer pensamiento que aparece no siempre es el que se corresponde con los verdaderos sentimientos, sino una producción, y a veces bastante repetitiva, de la propia mente: como si lleváramos en nuestro cerebro unas emisoras de radio repitiendo noticias que hemos oído aquí o allá pero que pertenecen a otras personas con las que ya no sintonizamos o nunca hemos sintonizado.

Es entonces tarea prioritaria aprender a ser conscientes de que son emisoras, cuestionar sus afirmaciones y si es conveniente, desintonizarlas.

Ejercicios de reflexión

1. Reconoce tu voz «A» (registro de «payaso listo») completando rápidamente y sin pensar (es imprescindible que no analices, por exagerado que te parezca) las siguientes frases. Después, repite el ejercicio después como crees que lo haría tu padre y, por último, como crees que lo haría tu madre:

    Una persona hecha y derecha siempre...

    Se distingue a quienes saben ir por la vida porque...

    Es digno de orgullo quien logra...

    Una buena educación se nota en...

    Todo el mundo debería...

    En las escuelas debería enseñarse...

Debería obligarse a...

Debería prohibirse...

La gente más despreciable es...

Es incomprensible que aún...

No debe consentirse que...

Debería dar vergüenza el...

Por desgracia se está perdiendo el...

Son estúpidos todos los...

Sería recomendable que todo el mundo...

Se desmerece quien...

Es mejor morir que...

Fracasar en la vida es...

Lo más reprobable es...

En conciencia cada cual debe siempre...

Triunfar en la vida es...

Nunca puede fracasar quien...

Nunca puede triunfar quien...

2. ¿Se parece en algo lo que opinas tú desde tu posición de «payaso listo» a lo que opinaría tu padre?

3. ¿Se opone en algo lo que opinas tú desde tu posición de «payaso listo» a lo que opina tu padre?

4. ¿Se parece en algo lo que opinas tú desde tu posición de «payaso listo» a lo que opinaría tu madre?

Ejercicios de acción

1. Dado que todo es relativo, cualquiera de las frases completadas anteriormente pueden cuestionarse. Haz un esfuerzo de ingenio y enumera por qué; rellena todas y cada una aunque la respuesta te parezca un disparate. En la primera parte, copia lo que has expresado tú al completar las frases y, en la segunda, anota una causa razonable por la que sería cuestionable. He aquí dos ejemplos:

a) «Es cuestionable que una persona hecha y derecha siempre .... porque ....».
b) «Es cuestionable que se distinga a quienes saben ir por la vida porque .... pues ....».

De este modo, verás objetivamente que no hay una única manera de pensar o sentir y por lo tanto de actuar, y que todas pueden tener sus razones. Si aceptamos las diferencias incluyendo las nuestras, viviremos hacia nosotros mismos y hacia los demás con comprensión, y no de acuerdo a unos rígidos modelos preestablecidos que nos conducen al malhumor cuando alguien o nosotros mismos no actuamos de acuerdo a ellos.

Los siguientes ejercicios tienen como objetivo que compruebes cómo tus propios pensamientos voluntarios pueden causar y mantener los sentimientos y las emociones que vives.

Para llevarlos a cabo es conveniente que estés a solas en un sitio donde nadie te interrumpa. Cuanta más actividad física impliques en la expresión de tus sentimientos más concluyentes serán tus resultados.

Para volver a tu estado de equilibrio, entre ejercicio y ejercicio, realiza inhalaciones de aire de cinco segundos de duración, de pie y con el pecho totalmente abierto, seguidas de sus respectivas exhalaciones de la misma duración, durante un minuto. Es conveniente que te ayudes con la alarma de un despertador que te avise del transcurso del tiempo fijado.

Después de realizarlos, explica por escrito lo que has aprendido en cada uno de los ejercicios y recuérdalo para aplicarlos en tu vida cotidiana.

2. Dedica cinco minutos a sentirte alegre. He aquí algunas sugerencias que puedes añadir a las de tu propia cosecha: hacer muecas ante el espejo; sonreír de diversas maneras; enumerar objetos que posees y que te agradan, o las razones que tienes para sentirte feliz; cantar, bailar o realizar algún ejercicio físico que te resulte agradable.

3. Dedica cinco minutos a sentir ternura, pensando en las personas o animales que más estimas: reconoce el cariño que despierta en ti su compañía, percibe lo que ellos desean de ti y complácete en imaginar —o recordar— cómo se lo das.
Recréate en la sensación de unión y apoyo incondicional pues te llenará de satisfacción.

4. Dedica cinco minutos a sentir miedo, confecciona una lista con todas las desgracias que pienses que es posible que acaben sucediéndote.
Piensa en lo peor que puede pasar y en lo mal que te llegarías a sentir. Imagina la sensación de culpa por no haber impedido que sucedan.

5. Dedica cinco minutos a sentir rabia (por ejemplo, recordando experiencias en las cuales alguien se aprovechó de tu ingenuidad o buenas intenciones para perjudicarte). Abandónate plenamente a la emoción de la rabia, golpea, grita y, finalmente, desahógate golpeando con algún palo, raqueta o escoba sobre un colchón.

6. Dedica cinco minutos a sentir tristeza, centrándote en algo realmente triste que te haya pasado. Recuerda los momentos más amargo o más dolorosos. Puedes llorar, lamentarte y solloza hasta que sientas alivio.

7. ¿Crees ahora que está en tu mano influir en tu buen humor? ¿Cómo? Redacta un decálogo a partir de lo que te ha sido más útil para darte cuenta de tus propias emociones.

Manual para el propio uso y disfrute

Test: ¿Cómo reacciono ante los problemas?

NUNCA　　　　　RARA VEZ　　　　　A VECES

1. Tengo modelos, personas de las que trato de aprender, pues las admiro.
2. Tiendo a cuestionarme el por qué de las cosas que todos dan por sentadas.
3. Me permito cometer errores; me felicito por ellos, me permiten mejorar.
4. Suelo buscar riesgos asumibles, para actuar de forma diferente.
5. Trato de llevar a cabo tareas creativas que impliquen usar la fantasía.
6. Intento pensar en un problema desde distintos ángulos, no doy nada por supuesto.
7. Dedico más tiempo que otros a desconectar y reponerme, pues incide en mi eficacia.

8. Me siento bien mientras pienso en una situación ambigua y cuando no sé qué solución darle a un tema.
9. Soy proclive a trabajar en áreas nuevas, sin que me importe no dominarlas aún.
10. Me esfuerzo por ser creativo, romper moldes y usar mi imaginación.

Resultados:

1. NUNCA=   *2. RARA VEZ=*   *3. A VECES=*

Cada respuesta en la columna «1» vale un punto; en la «2», dos puntos y en la «3», tres puntos. Suma el total de cada columna y luego el conjunto de las tres.

Según la puntuación obtenida, el estado actual de tu personalidad y carácter es:

De 0 al 10: Te cierras a nuevas posibilidades.
De 11 al 20: Limitas en algo tus posibilidades.
De 21 al 30: Eres algo abierto/a a las posibilidades.
De 31 al 40: Estás totalmente abierto/a al triunfo.

No obstante, independientemente del resultado de tu test, no te desanimes, todos tenemos la posibilidad de cambiar y aprender a disfrutar de un inmejorable humor y, para eso, entre otras cosas, ¡continúa leyendo las páginas que siguen!

Capítulo 3

El lenguaje de las señales

Un ratoncito va corriendo con su mamá,
y después de ver un murciélago
le dice: «Mamá, mamá, he visto un ángel».
ANÓNIMO

Nos es muy fácil darnos cuenta «de qué van» los demás. Pues sabemos que su repertorio favorito es actuar de una forma determinada. Por ejemplo, todos conocemos a personas que muestran una expresión permanente de sorpresa, preocupación o tristeza, mientras que otras van de eficaces y diligentes. En general, tanto la expresión del rostro como la postura o la forma de moverse y hablar de alguien demuestran con elocuencia qué repertorio cabe esperar de dicha persona.

De este modo, cuando entablamos una relación intercambiamos desde el primer momento multitud de pistas sobre lo que haremos y lo que esperamos que nos hagan. Estas pistas condicionan con quién iremos a tratarnos y cómo se desarrollará nuestra relación. Es la forma en que nuestras vidas se determinan por el papel (en gran medida cómico) que representamos. Se trata de una «autoparodia» y nos lo demuestra el hecho de que, sin proponérnoslo o incluso intentando impedirlo, nos pasa lo mismo cuando entablamos nuevas relaciones. ¿Por qué?

Nuestros mensajes corporales obran el mismo efecto que un disfraz de payaso o una camiseta con una inscripción, con un lema que anuncia nuestra actitud. Estas indumentarias invisibles también incluyen un «resultado final» que equivaldría a un eslogan en la espalda. Por ejemplo, en la parte delantera de una camiseta podemos leer: «Trae, que yo puedo hacerlo por ti»; mientras que por detrás: «¿Para qué te necesitaba, inútil?».

El eslogan de nuestras camisetas determina las personas con las que entramos en contacto y para qué. Por ejemplo, quien luce una camiseta que reza «hola, dame una patada» y por detrás «me has herido, me voy», correspondería a alguien dispuesto a pertenecer al club de los «desengañados por lo malvados que son los demás». Comparte mucho con quienes visten camisetas del tipo «Mi marido es un monstruo» o «Nunca cuentan conmigo». Dichas personas hablaran de sus fatalidades largo y tendido, se harán compañeros solidarios en el victimismo, justificarán sus conductas y reiterarán sus razones para seguir dejándose maltratar, es decir, para continuar con sus indumentarias.

Sin embargo, resulta evidente lo que se deduce de la expresión de los demás o el mensaje de sus camisetas. Pero, ¿y la propia?

También nosotros llevamos un disfraz con una camiseta invisible. Y, aunque quizás tenemos diferentes modelos (una para el trabajo, otra para los amigos, otra para la familia...), todas ellas tienen nuestro estilo inconfundible y personal. Si logramos leer nuestro eslogan nuestras actuaciones adquieren gracia.

Pocas personas poseen la osadía de averiguarlo, ya que requiere enfrentarse a uno mismo. Se trata de una extraña subespecie formada por individuos que controlan sus vidas, crean y mantienen relaciones conscientes y espontáneas.

Una vez que somos conscientes de nuestros propios mensajes, se hace obvia la necesidad de deshacerse de las señales estereotipadas y aprender a decidir de nuevo cada vez y en cada caso, la propia conducta.

Entonces podemos cambiarnos de camiseta, que equivale a salirnos de nuestro papel y representarnos de formas nuevas, como más nos convenga en cada momento. Pero erróneamente consideramos una obligación tácita el imitarnos a nosotros mismos. Las señales de una camiseta nunca son espontáneas y, por tanto, a menudo dan pistas falsas. De hecho, son en gran medida las que suscitan decepciones, pues impiden que los otros vean nuestra esencia.

Parece que si pensamos el papel que vamos a hacer y prescindimos de lo de siempre desvistiéndonos de nuestra camiseta, somos desconsiderados. Pero lo cierto es que todo buen humor comienza por tomarnos el permiso para ser realmente quien nos apetece.

Descubrir nuestro eslogan

En nuestra cultura hay una tendencia tácita a ignorar o no reflexionar sobre lo que realmente está pasando. Muchas veces se inculca a los niños el mensaje de que es preferible que ignoren lo que tienen delante de las narices o el por qué se sienten de determinado modo.

Si, por ejemplo, una niña de cinco años pregunta con lógica adulta y en tono cándido: «Mamá, ¿por qué te pones tan furiosa con papá cuando se entretiene hablando con la vecina, si tú también lo haces a veces?» y recibe como respuesta una frase agresiva y tajante como: «Niña, si vuelves a ser impertinente conmigo recibirás una buena torta», y si este tipo de diálogo se repite a menudo, la niña acatará sin darse ni cuenta la orden: «actúa como una niña tan infantil que desatiende cuanto pasa frente a ella».

Sin embargo, darnos cuenta de lo que pasa en nuestras relaciones no sólo es justo sino también necesario para que éstas funcionen bien. Equivale a descubrir ¿De qué voy? ¿De qué vas/va/van...?

El siguiente texto de Eric Berne, de su libro *¿Qué dice usted después de decir Hola?*, muestra una persona que «payaseaba». Era un hombre que desarrollaba el siguiente diálogo con las mujeres:

—*Hola* —*decía, a lo que ellas normalmente le respondían:* «*Hola*».
A continuación, el hombre preguntaba sin más:
—*¿Le gustaría que fuéramos a la cama?*
Y, por supuesto, es fácil de imaginar lo que sucedía. Consternado, relató este hecho a un amigo que le aconsejó que le iría mejor si intentara dar un poco de conversación antes de hacer una pregunta tan íntima y directa. De modo que creyó comprender la idea y la siguiente vez que le presentaron a una chica dijo:
—*Hola, ¿ha estado alguna vez en Etiopía?*
—*No* —*fue la respuesta de su interlocutora.*
—*Entonces, vayámonos a la cama* —*concluyó el hombre.*

Un personaje que realmente hiciera algo así, jugaría caracterizado de «payaso tonto», pero, seguramente por eso, le iría mucho mejor que a otros que van de «payasos listos».

Ejercicios de reflexión

Apunta tus respuestas para poder leerlas luego, ya que estos ejercicios están destinados a que te conozcas mejor, distingas los mensajes o señales que emite tu cuerpo y a que aprendas lo que te inspira rechazo, tolerancia o bienestar.

1. ¿Cómo describirías la cara que pones cuando reaccionas ante algo?

2. ¿Cómo reaccionan los demás a esta expresión facial?

3. ¿Acostumbras a darte cuenta de cómo suena tu tono de voz cuando tratas a las demás personas? ¿Qué sientes cuando lo haces?

4. Cuando has de optar por ser feliz o ponerte a prueba, ¿qué sueles hacer? Pon un ejemplo real.

5. Identifica y ponle nombre a tres voces distintas que puedes oír cuando piensas. ¿Qué te suelen decir cada una de dichas voces interiores?

6. Si hubiera una voz de las anteriores que correspondiera a tu yo auténtico, ¿cómo sería? ¿Qué rasgos tendría?

Ejercicios de acción

1. Determina a qué tipo puede pertenecer una persona con la que tienes mucho trato y que pienses que podría enseñarte a encarar tus problemas. Luego, busca una circunstancia adecuada y pregúntale cuáles son las cosas que cree que deberías intentar para mejorar tu humor, sentirte más a gusto, etc.

2. ¿Puedes determinar cuántos de tus allegados pertenecen a tipos complementarios al tuyo? Si es así, búscalos y fíjate en el intercambio de señales que se produce entre vosotros y si se corresponden a vuestros «yos» auténticos.

Con estas acciones puedes aprender a ser más flexible y a verificar que un cambio de guión o incluso una actitud sin guión alguno puede ser enormemente gratificante y, sobre todo, liberadora.

Capítulo 4

Aprender a jugar

—Juan, parece que quieras más al perro que a mí.
—Que no, tonta, que os quiero igual.
Extraído de una conversación

Nuestras indumentarias de payaso con sus camisetas «invisibles» o señales físicas de las que hemos hablado, configuran una petición tácita para que nos traten de acuerdo a un esquema o «juego» y no de la forma que sería natural.

Dicha petición generalmente puede resumirse en un lema básico que propicia ciertos tratos, ciertos sentimientos y cierto final con la gente con la que nos relacionamos, y que se repite indefinidamente en múltiples intercambios con la misma o con distintas personas.

A lo largo de nuestra historia personal, tengamos paralelismos entre el «resultado final» o «saldo» en muchas de nuestras relaciones. Esto se debe a que, por ejemplo, al principio hacemos algo, como pedir ayuda o darla, y luego actuamos de otra forma, como rechazándola o enfadándonos.

Este esquema de primer acto, segundo acto y final, lo repetimos a pequeña escala en cada conversación y a gran escala en cada historia sentimental. Es nuestro «sketch», el argumento de nuestra actuación.

Igual que en un número circense de payasos, el lema en cuestión es captado por todos los que nos rodean de forma obvia, salvo por nosotros, el propio payaso protagonista. Ya desde el primer momento de cada interacción anunciamos de forma clara lo que haremos (por ejemplo, lamentarnos, dar lecciones, complacer, etc.) y así constreñimos lo que es posible que suceda. Para los demás, resulta evidente qué actitud deben tomar si quieren «actuar» con nosotros o entrar en nuestra vida. Son las reglas de nuestro sketch o pequeño esquema de juego.

Todos tenemos nuestros juegos predilectos, muy bien ensayados, que por tanto nos resultan cómodos, y con la gente que conocemos los representamos una y otra vez.

Los roles del juego

Además de las diversas posturas ante la realidad, las personas pueden adoptar tres roles en su vida que luego trasladarán a sus «juegos».

Estos son el de perseguidor, salvador o víctima:

- **Perseguidor**: Manipula a los otros, intenta modificar sus conductas mediante el temor (empleando caricias agresivas). Cree que «yo estoy bien y los demás mal».

- **Salvador**: Manipula a los otros ofreciéndoles una especie de soborno y dándoles unas consideraciones que ellos no necesitan. También cree que «yo estoy bien y los demás mal».
- **Víctima**: Intenta que le persigan o que le salven. Es un niño adaptado, sumiso o rebelde. Cree que «yo estoy mal y los otros bien».

Estos tres roles están justificados y son lógicos cuando, por ejemplo, alguien ve que un niño se porta de un modo temerario, un médico atiende a un enfermo grave o una persona es atropellada cruzando la calle con el semáforo en verde. Fuera de estas circunstancias pueden ser adoptados o desempeñados de forma automática por las personas que los interpretan desde su infancia, siempre, aunque no exista causa para ello.

Para desempeñar uno de estos roles la persona necesita captar a un contrincante de juego dispuesto a jugar uno de los papeles complementarios. De esta forma, una persona puede actuar de salvador enfadado, para luego hacer un rato de perseguidor. Esto puede ser más o menos grato, pero el desenlace es muy previsible y casi siempre resulta todo bastante monótono.

Así, por ejemplo, alguien que muestra en la parte frontal el lema: «Hola, dame tu consejo» y por detrás: «No me has comprendido, me voy» está provocando a personas que dominen el rol de «payaso listo» en su faceta de consejero—salvador. Las personas que adoptan este último rol hablan entre ellas largo y tendido, cómplices ante el infortunio del primero. El salvador repite sus sabias advertencias, pero la víctima sigue actuando igual ante sus problemas de siempre. La razón del juego es entretenerse, no que sus vidas realmente mejoren ya que esto les requeriría mejorar sus acciones, en suma, cambiar su cómodo y conocido juego.

Ya conocemos esa sensación de vacío al despedirnos de alguien que siempre está en el mismo registro (por ejemplo, nos ha vuelto a contar sus penas de siempre, a decirnos lo que hemos de hacer o a adularnos). Es como si realmente nos hubiéramos limitado a repetir mecánicamente unas jugadas estereotipadas para quedarnos como siempre.

Analizar los juegos que jugamos es una buena forma de hacernos cargo de una relación. Esto en un principio impone respeto y obliga a ambos jugadores a mejorar. Una ayuda para ello es detectar esas conductas propias que inducen a que los acontecimientos se desarrollen de una forma predeterminada, aunque sea inconsciente. Esto nos permitirá reírnos de nosotros mismos y, por otra parte, nos ayudará a darnos cuenta de que gozamos de más alternativas. Podemos decidir cada vez y en cada caso nuestra respuesta ante la situación y ante los otros.

Ciertas personas juegan, por ejemplo, a «ayúdame, pero no te dejaré hacerlo» y otras a «ya lo hago yo por ti, pero es que me tienes harto». Descubrir estos «juegos» nos permite ver lo que la gente nos hacemos y qué podemos hacer al respecto. Para ello, hemos de desatender un poco los juegos que repetimos y concentrarnos más en lo que podemos hacer pero no hacemos.

Puesto que los juegos son transacciones estereotipadas y resultan repetitivos, aunque sean agradables proporcionan vivencias «teatrales» o «circenses» poco profundas. Pero mientras estamos ajenos al aquí y ahora, nos encontramos impelidos a «jugar», ya sea con nosotros mismos, entre las distintas partes de nuestro yo o bien con los demás, para pasar el rato sin acometer lo que en el fondo sentimos. Por esto, nuestros juegos nos alejan de las vivencias auténticas de cada momento.

Sólo cuando nos damos cuenta de los juegos que acostumbramos a jugar podemos adquirir una mayor comprensión y control de nuestras acciones y reacciones y, así, sentirnos libres y espontáneos ante cada situación.

¿Por qué actuamos según un esquema?

Para entender cuál es el mecanismo que nos lleva a jugar un determinado juego y no otro, hemos de saber que cada persona adopta una posición o actitud ante la vida de acuerdo a lo que considera que es ella misma y los demás. La clasificación depende de cómo se percibe el individuo frente a los demás, si ambos están «bien» o «mal». Aquí «bien» se refiere a sí eres inteligente, justo, autónomo, equilibrado, bueno, sensato… Y «mal» a sí careces de estos rasgos psicológicos tan convenientes.

Veamos mediante un ejemplo la generación de un juego o esquema de actuación:

- Sabemos que la posición más realista sería «yo estoy más o menos bien y los demás también».
La pregunta que una persona así nos haría para invitarnos a su fiesta sería del tipo: «¿Podrás venir?».
- Las personas que se desvalorizan se sitúan en el «yo estoy mal y tú bien» y querrán jugar a darnos pena, inspirarnos afán de protección, etc.
Su forma de invitarnos a su fiesta sería del tipo: «Necesito que vengas».
- Por el contrario, quienes se sitúan en la posición «yo estoy bien y tú mal», podrían elegir una frase como la siguiente: «Esta vez, ¡no me falles!».
- Los casos más cómicos estarán en las posiciones más extremas de esas personas que piensan «yo estoy muy mal y tú estás muy mal» y que podrían preguntarnos algo tan nihilista como: «Como me vuelvas a plantar, no sé si podré soportarlo».
- Aunque también resulta muy cómico el extremo opuesto de quienes son ingenuamente positivos al valorar «yo estoy absolutamente bien y tú estás perfectamente».
Una persona de este tipo puede invitarnos, de buenas a primeras, con un: «¡Qué ilusión que quieras venir!».

Así la raíz de nuestros juegos preferidos está en nuestros esquemas preestablecidos más que en consideraciones racionales. Esto explica que la evolución de nuestras relaciones, lejos de ser lógica sea tan a menudo impensable.

Ejercicios de reflexión

1. Piensa en una persona que conozcas mucho y con la que desarrollas habitualmente un «juego». Descríbelo.

2. En el «juego» de la pregunta anterior, ¿quién adopta el papel de víctima, de salvador/a o de perseguidor/a ?¿Es un «juego» grato, ameno y divertido?

3. ¿Crees que juegas además otros «juegos» con esa misma persona? En caso afirmativo, describe cuál o cuáles son.

El objetivo de estos ejercicios es adquirir más conocimientos acerca de tus posiciones frente a la realidad y las de las personas con quien te relacionas, lo que te será muy útil para liberarte de aquellos juegos que no son positivos para tu estado de ánimo.

Ejercicios de acción

1. Invéntate un par de «juegos» agradables (que te hagan sentir bien) y procura jugarlos con alguien conocido con quien anteriormente no hayas tenido mucho trato (puede ser un vecino, un compañero profesional o de estudios, una persona que aparca su coche en el mismo sitio en que tú lo haces, etc.) y explica las dos experiencias por escrito.
Relee lo escrito de vez en cuando para recordar que eres capaz de generar situaciones («juegos») agradables que no sólo te acercan a los demás sino que también hacen crecer tu confianza en ellos y tu propia autoestima. Ambas cosas mejoran enormemente el buen humor.

2. Piensa en dos personas que conozcas y que básicamente tengan tendencia a adoptar estas posiciones existenciales:

a) Personaje en posición «yo estoy mal y tú bien»: Describe a esta persona respondiendo a las siguientes preguntas: ¿cómo es?, ¿qué rasgos físicos denotan que se desvaloriza?, ¿cuáles son sus frases autodesvalorizadoras típicas?, ¿cómo crees que reaccionaría si le dijeras que ha de emplear la energía que utiliza para despertar compasión en algo que le resulte más útil? (Respecto a esto último no es necesario que se lo digas realmente, puedes escribirle una carta que no es necesario que le envíes).

b) Personaje en posición «yo estoy bien y tú mal»: Haz lo mismo que con el anterior: ¿cómo es?, ¿qué rasgos físicos denotan que se siente superior a los demás?, ¿cuáles son sus frases típicas para desvalorizar a los otros?, ¿cómo crees que reaccionaría si le dijeras que ha de emplear la energía que utiliza en cambiar a los demás, para mejorar su propia vida? (De nuevo, no es necesario que se lo digas realmente).

3. Piensa en alguna conversación mantenida con alguien conocido en la que adoptaste el rol de perseguidor/a y el de víctima, alternativamente. Transcríbela.

4. Haz lo mismo con alguna conversación mantenida con un conocido en la que adoptaste el rol de víctima, primero, y el de salvador/a después. Transcríbela también.

5. Por último, repite los anteriores roles en alguna conversación mantenida con alguien conocido en la que juegas como salvador/a y luego como víctima.

6. ¿Recuerdas alguna relación personal que se haya roto porque tú ya no querías jugar el mismo rol de siempre? ¿Puedes resumir a grandes rasgos que pasó?

7. ¿Sabrías definir qué es para ti una persona capaz de liberarse —esporádicamente— de los juegos? (Es decir, que puede abandonar sus actitudes y roles típicos).

Capítulo 5

Aceptar la realidad con buen humor

*Perdona siempre a tus enemigos,
no hay nada que les enfurezca más.*
OSCAR WILDE

El pastel se quemó, el contrato fue rescindido, hemos sufrido una enfermedad, una ruptura... A veces vemos estas encrucijadas como catástrofes que nos marcarán para siempre, pero podemos interpretarlas como pruebas de tránsito, bromas más o menos pesadas, que la vida nos gasta.

La realidad no dispone de libro de reclamaciones

Cuántas personas, al sentirse abatidas, empeoran aún más su estado de ánimo diciéndose cosas del tipo de: «es una vergüenza: he fracasado en las cosas importantes de mi vida».

Sin embargo, les ayudaría a mantener su buen humor decirse otras frases como: «Cada experiencia es un aprendizaje en sí misma, un valor».

Ciertamente, la vida da penas, heridas que se han de curar. Una de las cosas que nos ayuda es que cada derrota trae siempre una lección. Nuestros problemas y frustraciones, desde el más pequeño contratiempo al más enorme sinsabor, son enseñanzas que nos propone el destino. La próxima vez que alguien, por ejemplo, reaccione de una forma muy desagradable a una pregunta tuya, en vez de enfadarte, concéntrate en la enseñanza extraída: «Parece que mi pregunta no le ha agradado».

Alguien puede intentar, durante una enorme cantidad de tiempo, tener una conversación razonable con otra persona, pero si ésta es reacia al intercambio de ideas, fracasará. Igual que «fracasa» quien espera que crezcan peras en un olmo y se pregunta desolado: «¿Por qué este magnífico olmo no me da ni una sola pera?». La pregunta está mal planteada. Con sentido común, nos empleamos en las demandas y preguntas correctas. En este caso, la pregunta útil es, dado que es inútil que le pida peras al olmo, la siguiente: «¿Qué da un olmo?». Sombra, una robusta y bella madera para hacer muebles y un rumor agradable... Así pues, plantear preguntas correctas es algo esencial.

Diferenciar entre «prefiero» y «necesito»

Las personas con buen humor tienen disgustos como el resto de personas. La diferencia es que, en lugar de amargarse, interpretan dichas frustraciones como «enseñanzas» y «retos», de los que siempre se obtiene algo nuevo. De esta forma, se enfrentan a los mismos con una actitud interior basada en la confianza y la aceptación. Por el contrario, los malhumorados «exigen» que las cosas sean distintas.

Hemos visto que la forma de introducir buen humor en nuestra vida parte de no exigir que las cosas sean cómo queremos, es decir, asumir que las cosas son como son y aceptar la diferencia que mantienen respecto al ideal.

Los animales padecen dolor, como nosotros, pero no se afincan en el sufrimiento ya que carecen de pensamientos tortuosos. Y de hecho, gran parte del sufrimiento humano se enraíza en sus pensamientos intolerantes. El prescindir de dichas exigencias nos requiere una superación difícil, pero que nos depara luego aún más satisfacción. Y esto se hace cada vez más fácil con la práctica.

El doctor Albert Ellis, padre de la terapia racional-emotiva, ha señalado cómo estos pensamientos que nos llevan a malhumorarnos se reducen a tres errores que parten de tres tipos de contrariedad clásicos. Veamos cada uno de ellos:

• **Contrariedad tipo 1: «Lo que yo pretendería ser, no es lo que soy»**
Parten de una idea absurda: «Necesito ser perfecto; si cometo un fallo, es terrible y me impide ser feliz o estar bien». El pensamiento antídoto es: «Preferiría no cometer fallos, pero como soy humano, los cometo y, a pesar de ello, puedo sentirme bien y disfrutar de la vida».
Ejemplos de humor aplicado a esta contrariedad:

Ni por asomo me haría socio de un club que me aceptase como tal.
Groucho Marx

Cuando aceptamos nuestros defectos en lugar de intentar defenderlos, empezamos a reír y el mundo ríe con nosotros.
JIMMY DURANTE

• **Contrariedad tipo 2: «Lo que deseo que los demás sientan y hagan por mí, no es lo que sienten y hacen por mí»**
Quien no acepta las contrariedades, parte del razonamiento erróneo: «Necesito ser querido por las personas importantes para mí y de la forma en que me gusta a mí, si esto no es así no puedo ser feliz, ni estar bien».
Se cura sencillamente asumiendo que: «Si bien es agradable y preferible que cierta persona me aprecie, puedo pasarlo bien y sentirme fabuloso aunque ella prescinda de hacerlo».
Ejemplos de humor aplicado a esta contrariedad:

Deja de preocuparte por lo que piensan de ti; pues apenas piensan.

*Nada es imposible
para la persona
que no tiene que hacerlo.*
ARTHUR BLOCH (*La ley de Murphy*)

• **Contrariedad tipo 3: «Como quiero que las cosas sean, no es como las cosas son»**
Quien se enfada y padece por ello es porque piensa algo como: «Necesito que las cosas sean fáciles y como me gustan a mí, si no seré infeliz, me malhumoraré y sufriré por ello».
Esta falacia se supera con la siguiente verdad: «Las cosas son y serán como son, no necesariamente como quiero que sean». La forma de adquirir cada vez más libertad y mayor valentía es enfrentándonos a los problemas que la vida presenta.
Ejemplos de humor aplicado a esta contrariedad:

*Para trabajar aquí, no hace falta estar loco,
pero ayuda bastante.*
Frase en una pegatina, según Allen Klein

No hay nada más difícil de soportar que una serie de días buenos. Ya es hora de acabar con los milenarios cuentos de viejas que presentan la felicidad, la dicha, la buena fortuna como objetivos apetecibles. Demasiado tiempo se ha tratado de convencernos —lo hemos creído de buena gana— de que la búsqueda de la felicidad al fin nos deparará felicidad. Lo gracioso del caso es que el concepto de felicidad ni siquiera puede definirse.
PAUL WATZLAWICK (*El arte de amargarse la vida*)

Cómo transformar las contrariedades en buen humor

Con frecuencia, se da la paradoja que, en nuestro afán por lograr algo deseado, lo hacemos imposible. Un ejemplo: el énfasis en vender algo será inversamente proporcional al interés del comprador. Para darnos cuenta en la práctica nos es preciso distanciarnos. Es así como nos damos cuenta de que no es más feliz necesariamente quien más combate las situaciones penosas, sino muchas veces quien simplemente las evita.

La pregunta inteligente ante una contrariedad es: «¿En qué sentido nuestra solución empeora aún más las cosas?». Es decir, debemos detectar cuales de nuestros esfuerzos son en realidad contraproducentes. Veamos unos ejemplos de soluciones paradójicas:

- Mr. Chance, en *Desde el jardín*, consigue a base de hablar poco, que sus escuetas afirmaciones se consideren «elocuentes muestras de su ingenio político».
- Un club logra ser famoso a base de poner muy difícil su acceso a los ciudadanos.

- Un negociador logra que la otra parte ceda empleando el buen humor, la complacencia y la risa en vez de enfrentarse.
- Tom Sawyer cobra a sus amigos por dejarles encalar la reja unos minutos.
- Una persona agobiada por un pariente logra espantarlo insistiéndole en que acuda en su ayuda todavía «mucho pero mucho más y a cualquier hora».

Desenmascarar la farsa

Normalmente, las cosas más útiles son las que nadie comenta. Somos nosotros los que debemos captarlas. Por ejemplo: «Al maestro no hay que hablarle hasta que ha desayunado», «La información más importante sobre promociones se obtiene en los partidos de frontón», etc. Porque en general, como ya hemos explicado, las personas repetimos actuaciones prefijadas o juegos. Pero la primera norma de todo juego es disimular que es un juego. Ha de parecer que va todo muy en serio y el que se pone de mal humor, pierde.

Encontramos un ejemplo en el cuento del traje del emperador, de H. C. Andersen, en el que al emperador le venden un falso traje que solamente pueden ver los justos. Como resultado, el rey se pasea desnudo por toda la ciudad sin que nadie se atreva a decir nada, hasta que un niño pone de manifiesto el engaño. Es decir, con señalar el asunto, éste queda resuelto.

También en las familias se repite un esquema tácito de conductas o juego. Por ejemplo: descontar los méritos del hijo mayor o negar que papá está haciendo algo que nos molesta... Existen infinidad de juegos, pero si alguien señala que se juega a eso implica que el juego se desvele absurdo y puede que se interrumpa. Lógicamente, el desmantelamiento del juego hace que los jugadores más dedicados se disgusten y se pongan realmente de mal humor.

Todos participamos en juegos absurdos del mismo tipo. La forma de abandonarlos pasa por darte cuenta. ¿Qué es realmente lo que sucede y no se dice que sucede? ¿Cuáles serían las normas del juego? ¿Me lo paso bien participando en este juego? ¿Podría pasarlo mejor jugando otra táctica? ¿O prefiero otro juego?

Aceptar los hechos inamovibles

A veces lo que nos aflige es un hecho inamovible y no un problema. Es un hecho, por ejemplo, que alguien sea egocéntrico. Es algo irresoluble, como el asunto de que un olmo dé peras.

Una vez aceptamos que la situación dada es algo con lo que hemos de vivir, ahorramos energía que pasamos a invertir en la mejora de nuestro ánimo. Tal y como afirma Art Linkletter, «Las cosas le van mejor a la gente que saca el mejor partido de cómo van las cosas».

Además, nos permite ver la parte buena de las cosas. El olmo no da peras, pero sí sombra y un rumor muy agradable. La cesión ante los hechos consumados es lo más inteligente y nos abre puertas. Nos preguntamos: si es así como son las cosas, ¿cómo viviré con ello? ¿Qué puede implicar de bueno?

Ejercicios de reflexión

1. Piensa en alguna situación en la cual hayas reaccionado de forma negativa, inesperada y/o confusa.

2. Revive la escena en que esto ocurrió y vuelve a experimentar el momento en el que se desencadenó la reacción.

3. Recuerda los aspectos más importantes —para ti— de aquella situación. Trata de pensar en la reacción interna emocional que viviste y también la interpretación de los hechos que en aquel momento hiciste.

4. ¿Qué relación hay entre la situación tal como la ves ahora y la reacción inesperada o problemática que tuviste? ¿Se debe la segunda a la primera? ¿O se debe la primera a la interpretación que hiciste de esa situación? ¿Cuál era esa interpretación?

5. ¿Cómo se daría una orden para que alguien reaccionara cómo lo hiciste, en una situación así? ¿Es disparatada esa orden? ¿La obedeces en otras situaciones?

6. ¿Puedes redactar una resolución que contradiga la orden de «5» e implique un cambio positivo en tu humor?

El objetivo de estos ejercicios es descubrir y aprender a identificar lo que provoca una reacción negativa: se trata de la primera asociación que hacemos de un hecho sin pensar demasiado y que, generalmente, ofusca la posibilidad de pensar racionalmente en el mismo. Cuando volvemos a revivirlo con el pensamiento, una vez pasado el tiempo y con un estado de ánimo objetivo y sereno, vemos que no había motivos reales para haber tenido la reacción que tuvimos.

La manera positiva de actuar es aprender a controlarnos, para saber contrarrestar esa primera reacción.

Ejercicios de acción

1. ¿Imagina cinco situaciones cotidianas (en el hogar, el trabajo, los estudios, etc.) que puedan ser interpretadas como «orden disparatada» y concédeles una puntuación de 5 que anotarás en la primera columna; y, para la misma situación, escribe una «resolución positiva» y anota en la segunda columna una puntuación de 6. Escribe el pensamiento que lleva a la orden, en ambos casos.

Aceptar la realidad con buen humor ~

SITUACIÓN DISPARATADA	ORDEN	RESOLUCIÓN POSITIVA
1) 2) 3) 4) 5)		

2. En el supuesto de que dentro de una persona habite un niño emotivo que no tolere la frustración, ¿qué crees que puede hacerse para equilibrarlo y contentarlo? Traduce a necesidades o deseos aceptables para la vida actual de tres personas adultas que sueles tratar (jefe/a, padre/madre, marido/esposa, etc.) las sugerencias que figuran a continuación:

3. En los próximos días, lleva a cabo las respuestas aceptables para alguna de estas personas cuando estés en su compañía; procura mantener presente la idea de que dentro de esa persona hay un niño y observa sus reacciones. Después, explica qué aprendiste.

«Eres el rey/la reina de la casa»   «Eres el tesoro de mi vida»

«Eres un encanto ¡adorable!»   «Vamos a ver que tienes»

«¿Qué quiere el cielito?»   «¡Pero si está mojadito/a, el lindo!»

«¡Qué feos estos pañales!»   «¡Estos pañales molestan a mi rey/reina!»

«¡Vamos a sacar los pañales, son feos!» «Claro que llora mi rey/reina...»

« Pero, si ya es su horita de comer»   «Le prepararemos lo que le gusta»

«Porque es el rey/la reina de la casa»   «Es el amor de mi vida»

Este ejercicio sirve para proyectar tu propio niño interior observándolo a través del niño de otras personas. Lo importante es que, cuando hables con tu interlocutor, en lugar de relacionarte con el ser adulto trates de hacerlo con el niño que habita en su interior. De esta forma, cambiará tu punto de vista y aquello que te molestaba y que te llevaba a tener una reacción malhumorada, se minimizará y podrás reemplazarlo por un estado de ánimo positivo que busca contentar precisamente a ése NIÑO de tu interior.

Manual para el propio uso y disfrute

Test: ¿Qué humor predomina en mí?

1. Un niño chilla y destroza objetos cada vez que le contrarían...
    a) Deben darle más cariño, pues es un niño que se siente mal.
    b) Deben persuadirle para que se exprese de otra manera.
    c) Deben enseñarle cómo comportarse civilizadamente.

2. Deseo una vida...
    a) Intensa y con amor.
    b) Plena de sentido y libre.
    c) En la que alcance éxito y estatus social.

3. A un hijo es importante inculcarle...
    a) Buenos sentimientos.
    b) Responsabilidad.
    c) Educación y conocimientos.

4. En un amigo valoro...
    a) Que lo pasamos bien juntos.
    b) Que sea sincero y honesto.
    c) Que sea de mi estilo e ideas.

5. Normalmente al decidir...
   a) Me dejo llevar por el corazón.
   b) Analizo de forma global la situación.
   c) Utilizo siempre la razón.

Resultados:

Mayoría de respuestas a: Se trata de una persona en la que predomina el estado de NIÑO, tiene tendencia al disparate.

Mayoría de b: En este caso predomina el estado de ADULTO, cuya tendencia es plantearse las cosas de forma inteligente.

Mayoría de c: Es un carácter en el que predomina el estado de PADRE, con tendencia al absurdo.

Capítulo 6

Cómo querernos a nosotros mismos con humor

> *Las antiguas situaciones inconclusas*
> *suelen presentar una barrera para*
> *la aceptación total de las relaciones.*
> VIRGINIA SATIR

Tal y como sugiere Virginia Satir, las situaciones difíciles que no pueden evitarse de forma inteligente deben tratarse con disciplina.

Piensa en tu infancia más lejana, esa época en la que todavía no sabías andar y eras un personaje tan pequeño como un paquetito en brazos de un adulto que te trataba con cariño, sostenía tu cabeza y te alimentaba con afecto. Te sentías bien: todo confirmaba que eras un ser adorable, digno de amor.

Acaso alguna vez te decepcionaron, ignorándote, o bien tratándote con brusquedad. Te sentiste torpe, un ser que causaba problemas, y no merecía que lo quisieran.

La sensación de que merecemos sentirnos bien se siembra en la época más temprana de la vida y, como adultos, la podemos cultivar si aceptamos la realidad y lo que somos.

Dónde encontrar el buen humor

Generalmente, las personas buscan el buen humor fuera de sí mismas. Nos preocupamos de ofrecer un buen aspecto y de lograr cosas que exteriormente nos agradan. Esto está bien, pero a menudo va en detrimento de la aceptación de nuestra realidad interior. La persona que desatiende su experiencia interior no se acepta.

¿Por qué esto es tan común? Porque existe un «infierno interior» que consiste en los sentimientos dolorosos que ignoramos: miedo, pánico furia, humillación... Todos ellos están anclados en tensiones musculares que los sostienen allí.

Si detectamos estas zonas de rigidez y tensión crónicas podemos reconocer estos sentimientos no conscientes. En cambio, mientras nos sigamos defendiendo de ellos, seguirán presentes en nosotros.

El alivio está en la simple renuncia a la resistencia. De este modo, nos sentiremos liberados de esta pesada carga, más enérgicos y de mejor humor.

Exteriorizar nuestro humor

> *En el confesionario:*
> *—Padre, he cometido pecado carnal*
> *—Es grave, hijo: ¿cuántas veces?*
> *—Padre, vine a confesarme no a presumir.*
> ANÓNIMO

«Todo lo que me gusta, o es pecado o engorda». La alegría, el placer y, en general, el buen humor despiertan sospechas. Puede tolerarse que una persona los goce, pero por lo menos se espera que evite ostentaciones: es aceptable detallar problemas, pero el mostrarse contento representa transgredir un tabú.

Por eso eludimos comentar las sensaciones placenteras y es excepcional que expliquemos cómo logramos los momentos de máximo bienestar y delicia. La pregunta es: ¿alguien nos premiará por haber tenido una vida seria, triste, frustrada, inmersa en el mal humor?

Quizás por ello, nos olvidamos del disfrute en sí. Normalmente actuamos como si el gozo fuera algo que nos asaltará si logramos lo deseado. Craso error: ¿a quién le sobreviene buen humor por haber bebido agua una vez que ya no tiene sed?. Bien al contrario, el gozo se basa en nuestra acción interior la cual, con su fuerza integradora, se favorece a sí misma.

Por ejemplo, si cuando estamos muy contentos brincamos implicando todo el cuerpo y sacudiendo la cadera, esta expresión es causa de aún mayor bienestar. La habilidad de expresión, contonearse en este caso, aumenta la euforia.

Nuestras emociones positivas nos conmueven, como un estallido físico cuyo epicentro está en el corazón. Pero la educación que recibimos nos enseña que demostrarse pletórico es inconveniente o provocador. Por esto, muchas personas relegan la parte baja de su físico a mero transportador del cráneo. Su gozo duerme refugiado en el fondo de un cuerpo desactivado: la pelvis. Y hay una evidencia de ello, el que tanta gente camine con la cadera bloqueada, rígida e inmóvil. Están tratando de mantener dormidas todas esas profundas sensaciones.

En culturas muy primitivas se puede observar lo contrario: las personas andan apoyando toda la pierna y dejando jugar la pelvis naturalmente, de forma suelta y gozosa.

El buen humor corporal

*Solamente puedes tener paz,
si tú la proporcionas.*
MARÍA VON EBNER

Si deseas conectar con tu propio bienestar interior, prueba estas sencillas maniobras; te ayudarán a despejar las tensiones emocionales que habitan en tu interior a modo de defensa:

- **Para centrarnos:** La respiración es una conducta involuntaria que puede regularse a conciencia, por lo que sirve para «rehabilitar el propio cuerpo».
Para ello, siéntate cómoda y simétricamente en un lugar en que puedas apoyarte sobre los glúteos (no debe ser demasiado blando). Esta posición te permitirá sentir toda tu espalda que, de forma espontanea, se enderezará. Por otra parte, la respiración se profundizará por sí sola. A continuación, siente cómo el aire llena los pulmones de forma natural y abarca el tronco hasta la región pelviana para despertarla.
- **Para ablandarnos:** ¿Tenemos tensiones innecesarias en la mandíbula? Nacieron de un intento mantenido de evitar el llanto o contener la rabia. Ambos esfuerzos impiden amar. ¿Quién puede dar un beso de ternura primeras tensa el maxilar?
Para evitarlo, afloja la mandíbula y la lengua. De esta forma serás consciente de las tensiones faciales y las relajarás más. Una vez la cara se encuentre distendida, notarás como la sonrisa natural brota de todo tu cuerpo.

- **Para entusiasmarnos:** La alegría nos hace sentir el cuerpo más ligero: los pies de alguien entusiasmado andan por sí solos. Todos los adultos han sido niños entusiastas, desinhibidos, ávidos de correr y saltar, que aún tenían la parte baja del cuerpo activada.

Para activarla, estírate en una superficie acolchada (como la cama o sobre la arena), con ambas piernas dobladas y las plantas de los pies bien situadas en el suelo. Procura que tu espalda esté recta y relajada. Después, coloca ambas manos entre los muslos. Intenta con todas tus fuerzas unir aún más los muslos, como impidiendo que te extraigan algo que sujetas entre ellos. Notarás una vibración que te activará las piernas, los glúteos y los pies.

- **Para animarse.** Nuestro cuerpo es un sistema de energía cuya renovación constante nadie acierta a explicar; vibra con la fuerza que rige el universo.

Para sentir esta energía, zapatea con los pies rítmicamente, siguiendo su ritmo espontaneo o el de una música. No importa como lo hagas, sino que tu cuerpo se mueva libremente, como «por sí solo», sobre todo la pelvis.

Una de las maneras más eficaces para provocar cambios es ejercitarnos en ellos a través del ejercicio y la expresión clara.

El buen humor es autoestima

Si usamos el sentido del humor incluso para reírnos de la discrepancia entre nuestras propias pretensiones y la realidad, dejaremos de resistirnos o defendernos. Es entonces cuando aceptamos las situaciones y a los demás, esparciendo aprecio. Esta emoción expande el pecho y ablanda a las personas, haciéndoles sentirse satisfechas y radiantes.

Nuestro buen humor funciona como un ambientador del aire, esparce la esencia o el mensaje de que es fácil la aceptación a nuestro alrededor. Nadie puede dar aprecio si carece de él y apreciarnos a nosotros mismos requiere la atención y el reconocimiento de nuestros propios sentimientos; es decir, un contacto con nuestro interior en la vivencia presente, pues en su observación tenemos la verdadera paz o plenitud. La aceptación activa de lo que notamos ahora es aprecio a nosotros mismos y nos dignifica.

Sólo cuando realmente nos apreciamos a nosotros mismos, conectamos con el universo y esparcimos buenas ondas. Un buen humor excelente se regenera en esta atención y respeto hacia nuestros propios sentimientos.

Aproximarse a los demás con buen humor

> *Seguramente, existen muchas razones para los divorcios; pero la principal, es y será la boda.*
> JERRY LEWIS

Si observas la gente a tu alrededor —las colas de espera ofrecen una buena ocasión— verás que la mayoría de las personas son mucho más amables con un desconocido cualquiera que con quienes comparten su vida. Es como si cuanto más rato pasáramos con alguien más rudos nos volviéramos. Esto explica por qué la mayoría de personas son tan duras con ellas mismas. Podemos decir que «se tienen demasiada confianza».

Una persona a la que aprecio mucho acostumbra a hablarse a sí misma en voz alta con suma cortesía. Se trata de una costumbre chocante, pero enormemente higiénica. «Espero que te hayas acordado de las llaves» —murmura en tono cómplice—. «Sí, pero de eso te tenías que acordar tú» y responde otra vez con simpatía: «Gracias, pues. Para eso estamos».

Nunca se recalcará suficiente la importancia de tratar con buen humor a las personas más próximas. Nuestra vida es una sucesión constante de momentos compartidos con ellas y deberíamos reverenciarlas para asegurarnos que saben que las apreciamos y, en la medida de lo posible, adoramos. Hay muchas formas de hacerlo y para eso sí que es útil la confianza.

Afrontar la soledad

El ser humano es de naturaleza sociable y cuando se encuentra cómodo en un grupo aflora fácilmente su buen humor. Pero el que nos sintamos acompañados y apreciados no depende de las horas que pasamos físicamente rodeados, ni del numero de personas que tratamos, sino que procede de la simple idea: «tenemos con quién comunicarnos espontáneamente».

De hecho, otros idiomas poseen palabras diferentes para designar «estar solo» de «sentirse solo». Lo importante es la constancia de que contamos con otros, si lo requerimos. Esto fomenta nuestro buen humor y, a su vez, nuestro buen humor favorece el que los demás nos sientan próximos, aunque ahora mismo no nos tengan a mano.

Ejercicios de reflexión

1. Dedica un espacio de unas dos horas a pasear por calles concurridas, sin prisas pero sin detenerte. Fíjate en la expresión y el aspecto que ofrece cada persona con la que te vas cruzando y medita sobre la siguiente pregunta mientras los ves pasar: ¿Por qué agradezco ser yo y no ser esta persona?
Al regresar, apunta todas las razones que recuerdes.

2. ¿Has sentido comprensión, compasión o simpatía hacia algunas personas mientras pensabas en el ejercicio anterior?
Anota tus sentimientos.

3. Ahora que sabes que pensando de determinada forma puedes producir sentimientos, ¿cómo harás para producir sentimientos positivos hacia los demás?
Escribe un plan para hacerlo.

Ejercicios de acción

1. Busca alguna foto tuya antigua (preferentemente de tu infancia) y obsérvala atentamente, percibiendo quien eras entonces y todo lo que no sabías y ahora sabes.
   ¿Qué podrías decirle a esa persona —que eras tú— desde tu posición actual para ayudarla?

2. Explica a la persona que eres en la foto algún problema que aún no sabías que ibas a vivir y lo que puede hacer para evitarlo o para no sufrir si es inevitable que lo viva.
   Escribe las frases que has pensado al dirigirte a tu imagen.

3. ¿Cómo podrías disfrutar de ese sentimiento protector hacia ti mismo/a en otras ocasiones?
   Describe por escrito lo que podrías pensar para fortalecerte o consolarte en cinco situaciones cotidianas típicas.

4. ¿Te sentiste bien al pensar en ti de esta manera?

1. SI	2. SI	3. SI	4. SI	5. SI
NO	NO	NO	NO	NO

5. ¿Incorporarás definitivamente estos pensamientos a tu modo de interpretar la comunicación que mantienes con los demás?

1. SI	2. SI	3. SI	4. SI	5. SI
NO	NO	NO	NO	NO

6. Dibuja una caricatura bien cómica de la persona con la que más problemas tengas, ponle un apodo ridículo a la imagen y contémplala siempre durante unos segundos antes de tener que tratar con ella. ¿Qué resultados obtuviste?

Los anteriores ejercicios de reflexión y acción tienen dos importantes objetivos: el primero es reconciliarse con uno mismo y el segundo es controlar la percepción que se tiene del otro, sin que cualesquiera que sea su actitud o conducta influya en nuestro ánimo generándonos malhumor.

Capítulo 7

El buen humor como aprecio

*Disculpen si les llamo caballeros,
pero es que no les conozco muy bien.*
GROUCHO MARX

Todas las personas desean que por parte de los demás haya un reconocimiento de su existencia, lo que equivale a que todos deseamos recibir aprecio. Pero si no se ofrece, se buscarán otras formas de aprecio para lograr dicho reconocimiento.

El aprecio es lo que nutre nuestras ganas de vida. Igual que un hombre en un desierto sediento puede beber agua pútrida, es tal nuestra necesidad de este sustento que quien carece de él prefiere obtener muestras de aprecio nocivas («Que bien estás, nadie diría lo mayor que eres») o directamente hirientes (por ejemplo, las cínicas).

Las muestras de aprecio (también denominadas «caricias») no son algo abstracto; se sienten aunque a veces con y sin contacto, como pueden ser una mirada, una sonrisa, una expresión cómplice o unas palabras halagadoras.

Lamentablemente, a menudo nos abstenemos de mostrar aprecio por vergüenza o miedo a ser «mal interpretados» («Se extrañará de que me fije en eso», «Creerá que quiero ligar», etc.). Por otra parte, también está restringido el intercambio de aprecio porque nos cuesta recibir halagos sin rebotar unas gracias automáticas. Por ejemplo: si una persona dice a otra «Qué guapa te veo», ésta responderá automáticamente: «Será que me miras con buenos ojos» o «Si estoy muy cansada».

Estas limitaciones convierten la amabilidad en algo más bien escaso. Pero, ¿cómo podemos potenciar nuestro buen humor con afecto? Requiere un riesgo y un salto de las trabas tácitas que restringen el libre intercambio de atenciones. En realidad, son muchos los tabúes que impiden el libre intercambio de caricias: el homosexual, el heterosexual si no hay una relación establecida que las autorice, y el que impide que adultos y niños se acaricien si no son de la misma familia.

Parece existir una idea tácita de que si se libera la economía de caricias, los seres humanos satisfechos dejarían de trabajar o de asumir sus responsabilidades. No obstante, es absurdo pensar que la libertad de caricias convertiría a las personas en seres indolentes, más bien al contrario, las personas arropadas con afecto están en armonía consigo mismas, con los demás y con la naturaleza, es decir, con el universo. Por ello, debemos dar y tomar aprecio, ya que nadie va a castigarnos.

Economía de aprecio

Que duda cabe: el aprecio es un bien escaso. Claude Steiner propone que lo equiparemos al dinero. Hay ciertos paralelismos ingeniosos: el dinero es algo codiciado por todos, al igual que el aprecio. En realidad no tendría porque faltar, pero el problema es que algunos pocos atesoran la mayor parte de él y los otros se ven sumidos en la escasez.

Existen unos mandatos tácitos, hechos a fuerza de costumbres para que las personas vivan en un ambiente en que el intercambio de aprecio sea un bien escaso. Estas serían sus normas no habladas:

1. No des aprecio aunque lo sientas; no demuestres tu afecto libremente.
2. No pidas aprecio cuando lo necesites; disimula tu deseo del mismo.
3. No aceptes aprecio aunque lo quieras; rechaza las caricias que otros te dan apenas te lleguen.

4. No rechaces las caricias falsas o despectivas que no quieras; si alguien te aprecia de una forma inadecuada, acéptalo igualmente.
5. No te des aprecio a ti mismo: «jactarse» está prohibido; la modestia es un gran valor y, en cambio, alabarte y quererte es sospechoso.

Como sucede con el dinero, el rico tiene fácil obtener más, la riqueza se multiplica, y el pobre cada vez tiene menos: también las personas con poco aprecio entran en círculos de carestía. Por ello, deberían dar un mayor número de «caricias» para hacer que el aprecio circule en su vida.

He aquí algunas ideas que fomentan la riqueza en aprecio:

- **Date aprecio interiormente:** Conecta con lo que sientes. ¿Aprecio cómo me siento en este momento? ¿Qué noto en el centro de mi ser? ¿Cómo me gusta esto? ¿Cómo saboreo más esto?
- **Pide aprecio, sin pudor:** «¿Puedes abrazarme ahora?» Promueve ocasiones y personas dadoras de caricias: «¿Vendrás con los niños este fin de semana?».
Acepta las caricias que te dan: «Sí, yo también me he gustado ante el espejo, esta mañana».
Por último, da caricias: «Me agrada tu compañía».
- **Rechaza muestras de aprecio negativas** (falsas, cínicas...): «¿Le he preguntado su opinión sobre mi edad?».
- **Piensa en términos de economía de aprecio:** ¿Qué espera o desea esta persona que alguien le haga?

Cuanto más aprecio damos, más tenemos

El dar aprecio es una de las cosas más gratificantes que podemos hacer. Pero la mayoría de veces nos obstinamos en intentar que nos aprecien olvidando que la mejor forma para sentirse digno de aprecio es darlo.

A menudo, consideramos que el aprecio genuino brota como producto de lo que los demás hicieron por nosotros y que, por tanto, es difícil o imposible apreciar a quienes no «han hecho méritos» para ello.

Sin embargo es posible. Empezamos por una simple decisión: «acepto que una persona —por que lo es— ya es digna de amor».

Para que esto sea posible necesitamos compasión. Esto es, empatía a toda persona simple y llanamente: sentirnos cerca de ella como miembros de la raza humana, como iguales, compartir su dolor que es paralelo al nuestro, hermanados en el sentido de ni mejores ni peores. Pero esta compasión, que es la semilla de nuestra riqueza en amor, se encuentra más allá del orgullo, la vanidad y el miedo; implica una palabra que suena difícil: el perdón.

El perdón nos dignifica y nos capacita para amar en las circunstancias más duras. Es el fruto de la verdadera compasión. Pero los dos grandes obstáculos que hemos de vencer para perdonar son el miedo y la ira, anclados en nuestro interior como resultado de cuanto sufrimos tiempo atrás.

¿Y el aprecio fingido?

> *Hay cosas en la vida más importantes que el dinero.*
> *¡Pero cuestan tanto!*
> GROUCHO MARX

El aprecio no genuino es una maniobra egoísta y quien lo recibe, normalmente, intuye que es artificial. Como una bebida que no quita la sed.

Por eso, si lo que deseamos es riqueza en aprecio debemos evitar caer en el error de apreciar a los demás porque deseamos recibir. Dar para recibir es más un intento de intercambiar que puramente dar. Así que los rasgos de amabilidad en verdad valiosos son aquellos que se realizan sin esperar nada, de forma desinteresada, casi «anónima».

Un ejemplo de la contaminación del «dar para algo» se encuentra frecuentemente en el amor romántico, pues este se contamina con el ardiente deseo de recibir. El enamoramiento requiere apasionadamente la respuesta del amado, pero no así la amistad. A veces, todos intentamos dar aprecio con expectativas y, si reparamos en ello, descubrimos cuanto esperábamos a cambio.

A continuación mostramos otros ejemplos de aprecio fingido y caricias inadecuadas (que aunque inicialmente puedan parecer agradables, en realidad son perjudiciales):

- «Ya te han vuelto a hacer llorar como siempre, quédate conmigo pobrecito, yo te cuidaré»: Aparentemente ofrece apoyo, pero su mensaje principal deteriora la confianza de la otra persona.

- «¡Pobrecita! Han vuelto a reírse de ti»: Aunque aparentemente conlleva afecto, este tipo de caricias sólo fomenta la vulnerabilidad y deteriora la autoestima del otro.
- «Sólo tú puedes ayudarme»: Este tipo de caricias sobrevalora al otro incitándolo a asumir responsabilidades o riesgos poco realistas.
- «¡Eres impresionante, vaya destreza tienes timando a la gente!»: Refuerzan comportamientos indeseables.
- «Eres mi mejor cliente, te lo regalaría, pero tengo que vivir»: Sirven para adular; son caricias positivas que no se sienten de verdad pero que se dan por un interés extrínseco a la persona en sí (generalmente de tipo material).
- «Para tu edad te conservas bien, querida»: Son caricias agresivas disfrazadas de positivas.

Aprecio de curso legal

Lo más grande que podemos dar es a nosotros mismos: nuestra verdad, nuestra espontaneidad, nuestra esencia, más allá de juegos trillados. Una persona auténtica se abre en esencia y, al darse a sí mismo sin interés alguno, se siente feliz. Aunque suene pasado de moda, la calidad de una persona viene dada por esta autenticidad y conciencia de los sentimientos propios y ajenos.

Esa es la auténtica belleza interior: ¿Contemplas la repercusión que tus actos tienen en la vida y los sentimientos de los demás?

¿Por qué no nos animamos y superamos la escasez de aprecio? Si todos lo deseamos, y nos es gratuito darlo, ¿por qué resulta tan raro?

Una razón es que al abrirnos nos exponemos. Cada uno de nosotros se ha sentido mirado con afecto y también con odio. La mirada nos despierta, como el tacto, sentimientos sólidos. Mirar a los ojos de otra persona nos permite ver su interior. Es un intercambio de energía y saltarse la prohibición tácita de «Tú no atisbes en mi intimidad y yo no miraré en la tuya».

Al darnos, nos mostramos vulnerables. Y eso impone respeto.

A continuación mostramos unos ejemplos de caricias totalmente adecuadas:

- Transmiten aceptación incondicional: Refuerzan a la persona por el mero hecho de ser ella misma, por existir. A esta clase corresponden el dar un beso o llamarle «cariño».
- Transmiten desestimación por el otro: Niegan a la persona simplemente por ser quien es. Pertenece a este tipo evitar mirar al otro a los ojos o decirle «no te quiero».
- Transmiten premios por comportamientos concretos: Son una forma de intentar manipular la conducta del otro. Un buen ejemplo de esto es decir frases como: «¡Qué listo eres! Aprobaste el examen» o «¡Eres una joya! Dejaste el baño reluciente».
- Transmiten correcciones a la conducta del otro: Son preferibles cuando señalan algo que se debe hacer y menos deseables cuando prohíben o indican lo que no hay que hacer. El estilo de éstas sería: «Acuéstate a las 11», en lugar de «No trasnoches».

¿Podemos dar demasiado aprecio?

Nadie aprecia demasiado si su amabilidad es sentida. Cuando hablamos de personas «demasiado amables», en realidad nos referimos a las «falsamente amables».

La falsa amabilidad es una forma de manipulación, un medio más o menos inteligente de conseguir algo de los demás.

La antipatía es la antítesis de la amabilidad; implica intolerancia, frialdad, dureza y desprecio hacia los demás. En situaciones límites de conflicto puede resultar útil ser antipático. Quien interviene inicialmente con dureza presiona para defenderse de modo eficaz. Pero la dureza a la larga redunda en un deterioro de la relación y en la predisposición contraria del oponente.

¿Amables nacemos o nos hacemos?

Para algunas personas, el problema es expresar ternura y aprecio, pues no aprendieron cómo. Por el contrario, para otras el expresar ternura es fácil, pero resulta difícil mostrar su disconformidad o rabia. Esto enturbia sus expresiones de afecto, igual que las nubes un día húmedo.

Para poder «amar de verdad» la persona ha de primero sentirse capaz de «oponerse de verdad». Pues una aceptación automática y falsa es una compulsión acumuladora de hostilidad.

Nuestro objetivo es intentar el equilibrio interno: amabilidad para aceptar y vivir en armonía y fuerza para una firme oposición. Este «estar abierto y a la vez mantener los propios límites es el punto satisfactorio.

Recibir aprecio

A menudo rebotamos el aprecio que nos dan o somos agarrados con el nuestro. En realidad, nos cuesta trabajo aceptar que alguien pueda amarnos a pesar de cómo somos, o a cambio de nada.

Pero es posible acostumbrarse a absorber el amor, a dejar que entre en nuestro interior igual que una planta puede dejar que el agua entre filtrándose por la tierra. Una tierra seca está menos porosa. Una tierra acostumbrada al agua está más esponjosa para la absorción. Nos abrimos al aprecio si poco a poco entramos en un contacto consciente con las múltiples formas en que el universo, la vida, y los demás nos aprecian.

Nos aprecia el rayo de sol que nos baña la cara y también la gota de lluvia que nos moja. Nos aprecia el viento que nos roza y el aire que nos atraviesa y se quema en nuestro interior cada vez que respiramos.

Nos aprecia nuestro propio corazón cada vez que late, constante y entregado a la tarea de mantenernos vivos a pesar de todo.

Nos aprecian los perros que nos cruzamos y nos miran, pero también los que nos ladran.

Incluso nos aprecia el conductor que nos toca airado la bocina, a lo mejor porque después de todo cuanto sufre no se siente disponible para apreciar de otras formas.

Es nuestra decisión apreciar cuanto la vida nos da. Por ejemplo: aquí y ahora, aprecia todo el trabajo de las personas que te han permitido estar como estás, donde estás y de la forma en que estás.

Todos deberíamos estar profundamente agradecidos al resto: a los que están y a los que estuvieron antes, quizás esto nos hiciera respetar a los que aún han de llegar.

Nos tenemos unos a otros. Somos ricos el día en que aprendemos a apreciar que nos tenemos.

Preguntas, guiños, frases de cariño, besos, notas, regalos, detalles, llamadas, sonrisas, abrazos, bromas, esperas, respuestas ingeniosas, verdades, miradas, confianzas... Eso es lo que nos llevaremos del viaje que empezamos cuando nos conocimos. Lo único.

Así que, si puedes, haz feliz a alguien ahora, aquí mismo. Da aprecio y deja que te den aprecio: no pierdas la ocasión.

Ejercicios de reflexión

1. Cita cinco tipos de muestras de aprecio que puedes obtener en tu vida cotidiana.
   Escribe cada una de ellas tal y como se indica a continuación:

   DADOR   CARICIA   TIPO
   1)
   2)
   3)
   4)
   5)

2. Cita cinco tipos de muestras de aprecio que puedes ofrecer en tu vida cotidiana. Escribe los resultados

   RECEPTOR   CARICIA   TIPO
   1)
   2)
   3)
   4)
   5)

   Compara lo que das y lo que recibes, y piensa qué harás para mejorar los resultados de tu balance.

3. Piensa en una persona a la que aprecias e imagina cinco gestos de aprecio concretos que sabes que desea recibir de ti.
   En este caso, el objetivo es hacer más consciente lo que las personas que te rodean te están pidiendo.

4. Piensa en una persona con la que tus relaciones han de mejorar e imagina cinco gestos de aprecio concretos que sabes que desea obtener de ti.
   El objetivo es tomar conciencia de lo que te están pidiendo aquellas personas con las que falla tu comunicación.

5. Dedica 5 minutos a imaginarte ofreciendo cada una de las caricias que has detallado en los puntos 3 y 4, lo más detalladamente posible y por difícil o forzado que te resulte. Luego, escribe las sensaciones reveladoras que has vivido en el último minuto que hayas dedicado a cada una. Este ejercicio se puede realizar en dos sesiones de 50 minutos cada una. Para finalizar, escribe con detalle cómo te has sentido.
   El objetivo que guía esta práctica es conocer qué sentimientos auténticos y positivos has descubierto en tu interior que normalmente no suelen aflorar.

Ejercicios de acción

1. En los próximos días y en las situaciones cotidianas que vives, procura dirigirte a las personas con las que te cruzas (y sea adecuado) con una sonrisa natural. Anota las sensaciones nuevas que has tenido y las reacciones que has observado.
El objetivo es reconocer cómo la actitud de los demás es un eco de la propia.

2. Completa las siguientes frases dejando salir el niño pequeño que habita en ti, dando rienda suelta a la fantasía y escribiendo el primer disparate que se te ocurra.
El objetivo es aprender a expresar la forma de pensamiento emocional o con tendencia al disparate que habita en tu interior y, sobre todo, aprender a prescindir del «qué dirán», si un buen día te apetece efectivamente dejarlo salir.

Podría gastarle una broma ingenua a .... con sólo decirle ....

A .... le llamaría mucho la atención que le preguntase ....

Para divertirme podría atreverme a ....

.... se sorprendería si le pidiese ....
....

Un nuevo aspecto totalmente insólito que podría sentarme bien sería ....

Todas las noches debería repetirme .... diez veces antes de dormir.

Mi vida cambiaría radicalmente si ....
....

Si pudiera hacerme invisible durante 24 horas ....
....

La tontería más grande sería intentar ....
....

Mi programa de televisión para grandes audiencias se titularía
«..»

Desafiaría a la multitud empezando a ....
....

Tengo una idea especialmente sorprendente: ....
....

La mayoría de las personas nunca lograrían entender que yo
....

Lo más gracioso que podría pasarle a .... es
....

Lo más gracioso que podría pasarle a mi madre es ....
....

Lo más gracioso que podría pasarme a mí es ....
....
Si estuviera libre de consecuencias haría............................
....

Si tuviera todos los gastos pagados haría ....
....

A un marciano le sorprendería ....

Sería divertido intentar..

Mi cuento preferido es ....

No puedo aguantar la risa cuando..

Me haría mucha ilusión..

Si nadie me pudiera llamar loco/a por ello, un día ....

Nadie creería que yo ....,
pero es cierto.

Tendría mejores amigos si..

7. Anota diez usos que se le pueden dar a una botella de leche vacía y luego lleva una de ellas a la práctica (vale partirla o variar su formato). El objetivo es liberar tu propia creatividad.

Una vez más te invitamos a reflexionar sobre el estado de ánimo positivo y el valor que tiene una sencilla sonrisa, ayudándote con pensamientos e ideas de diversas fuentes y procedencias.

Frank Irving Fletcher redactó el siguiente texto para un anuncio publicitario:

No cuesta nada, pero crea mucho.
Enriquece a quienes la reciben sin empobrecer a quienes la dan.
Ocurre en un abrir y cerrar de ojos y su recuerdo dura a veces para siempre.
Nadie es tan rico que pueda pasarse sin ella, y nadie tan pobre que no pueda enriquecerse por sus beneficios.
Crea la felicidad en el hogar, alienta la buena voluntad en los negocios y es la contraseña de los amigos.
Es descanso para los fatigados, luz para los decepcionados, sol para los tristes y el mejor antídoto contra las preocupaciones.
Pero no puede ser comprada, pedida, prestada o robada porque es algo que no rinde beneficio a nadie, a menos que sea brindada espontánea y gratuitamente.
Y si en la extraordinaria afluencia de último momento de las compras de Navidad alguno de nuestros vendedores está demasiado cansado para darle una sonrisa, ¿podemos pedirle que nos deje usted una sonrisa suya?
Porque nadie necesita tanto una sonrisa como aquel a quien no le queda ninguna que dar.

¿A que ha sido reveladora y estimulante la lectura? Sabemos que sí y, sobre todo, que la próxima vez que necesites aligerar el ánimo o el clima en tus relaciones, sonreirás.

Capítulo 8

El buen humor como sentido común

*No se tome la vida muy en serio,
no saldrá con vida de ella.*

ANDRÉ MAUROIS

Todos disfrutamos de un buen chiste, pero lo más adecuado, aunque difícil, es reír de los reveses de la vida, de las dificultades y de la injusticia que a veces nos rodea. Esta práctica resulta muy útil pues la distancia entre lo que deseamos o prevemos y lo que en realidad sucede es, a menudo, abismal.

Para afrontar nuestra ineludible realidad, el sentido del humor resulta un paracaídas imprescindible. Y, de hecho, nuestro verdadero humor radica en el sentido común, por lo que está al alcance de todas las personas. Sin embargo, nos servirá más bien de poco si no sabemos desplegarlo.

¿Cómo aprendemos a emplear este fantástico paracaídas? A continuación, te mostramos las cuatro «instrucciones» básicas para el empleo del sentido común.

1ª Instrucción del sentido común

La primera ley del sentido común se resume en el principio siguiente: **las personas y las cosas son y serán como son, no necesariamente como yo deseo que sean** (y aunque pierda la calma, no importa cuanto, será así).

Realmente, las cosas que más nos contrarían son a menudo nuestras grandes oportunidades, si las contemplamos a largo plazo. Así pues, el sentido común nos insta a moderar nuestra reacción, absteniéndonos de conclusiones precipitadas.

Con estas sencillas costumbres que se apuntan a continuación sustituimos impulsividad por sabiduría:

- **Eliminar la preocupación:** Confecciona una lista con todas las cosas negativas, desesperantes y terribles que te es imposible evitar bajo el título «así estoy»; con el paso del tiempo encontrarás cada vez menos terribles sus contenidos.
- **La vida da muchas vueltas:** Busca una frase que te ayude, desde «quien ríe último ríe mejor», pasando por añadir un «ja, ja» impasible a cualquier decepción, hasta una corta plegaria como el siempre positivo «así sea» o «el tiempo dirá».
- **Tararear una tonadilla:** La idea que más nos entristece, encoleriza o angustia es una exigencia que en verdad es muy graciosa. Si tomamos la música de cualquier melodía popular, copla, villancico, anuncio o canción de cuna, podemos ponerle letra con estos pensamientos exigentes e irracionales que nos dañan. Valga como ejemplo la siguiente letra: mientras intentamos en vano aparcar adecuadamente el coche, cantamos con la música de la canción napolitana *Questa piccolissima serenata, con un fil di voce si puó cantar* etcétera, «Merecen un castigo, merecen morir, porque no me dejan aparcar a mí...». Al escucharnos a nosotros mismos cantando las ideas que nos hacen sufrir, nos damos cuenta de lo absurdas que son.
- **Bailar:** Elige cualquier ritmo que te permita balancear la cadera rítmica y desenfrenadamente: es imposible sentirse abatido mientras descargamos las tensiones. Igual que otros animales, siempre que sacudimos «la cola del espinazo» nos sentimos eufóricos. Ya sea al son de la música afro, salsa, sevillanas, rumba...

- **Sonreír:** Está comprobado que el simple acto de sonreír nos permite sentirnos más aliviados. Eleva primero la comisura izquierda, así la derecha asciende más fácilmente.

2ª Instrucción del sentido común

Podemos resumir la segunda ley mediante el principio siguiente: **si decides exagerar, hazlo a conciencia y bien** (sino, es mejor que te abstengas).

Somos proclives a exagerar porque circunscribimos nuestras apreciaciones a un sólo marco de referencia. Nuestros razonamientos, así, se malversan en confirmar lo que ya hemos dado por cierto, más que a pensarlo realmente.

Es decisiva la importancia que les damos a las cosas, lo cual si lo reconocemos tiene su parte positiva. Por ejemplo, una obra de arte puede ser cualquier objeto si alguien está dispuesto a pagarla como tal. Por ello, una forma perniciosa y muy difundida de exageración consiste en llevar a cabo la valoración global de las personas, ya que las valoraciones globales son siempre una fuente de decepción.

Así pues, la importancia de algo depende en gran medida de la importancia que se le da. Exagerar puede ser enormemente útil cuando se hace a conciencia, pero pernicioso cuando se hace por la imposición de un marco previo, como la opinión ajena o los propios prejuicios. A continuación, mostramos unas breves instrucciones para exagerar «correctamente»:

- Narra el problema imitando a un personaje con un fuerte acento y voz, cuanto más gracioso mejor, como por ejemplo el pato Donald en un ataque de furia incontenida.
- Regresa a tus cinco añitos. Cuando algo te disguste, patea, llora desenfrenadamente y, finalmente, llama a tu mamá. Bastan cinco minutos de esta catarsis regresiva para evidenciar que el mundo no se acaba (las primeras veces, mejor abstenerse de realizarlo en un lugar concurrido).

- ¿Cómo viviré con esto? Paródiate quejándote durante quince minutos a través de un monólogo en el que expliques por qué la situación no puede ser peor, desoladora y dramática.
- Redacta una crónica del tipo «Las repercusiones que tendrá esto dentro de cien años» y luego escribe tus conclusiones.

3ª Instrucción del sentido común

El principio de la tercera ley es el siguiente: **el mundo está lleno de paradojas** (y la mayor parte de los problemas los genera una «solución»).

Si miramos a nuestro alrededor, descubriremos que lo raro entre los humanos es que estemos satisfechos, pues en general tendemos sistemáticamente a desear lo que no tenemos.

De esta forma, las cosas que perseguimos parecen huir y esas de las que huimos nos persiguen. Por ello, nuestros esfuerzos en las relaciones humanas tienden a ser contraproducentes, empeorando las cosas de forma absolutamente paradójica.

Basta, por ejemplo, mostrar prisa en vender algo para que el posible comprador disminuya de forma inversamente proporcional su interés por comprar.

La única forma de superar esta «adversidad constante» radica en darle la vuelta, aprendiendo a ver las ventajas que hay en las desventajas y comprendiendo que no debemos preocuparnos de lo que piensan de uno, pues casi nadie lo hace, lo cual, como todo, tiene un pro y un contra. El problema es que a veces hace falta cierta frialdad para reconocerlo.

Algunas ideas para dar la vuelta a las adversidades:

- **Mala noticia / buena noticia**: Cuando tengas una mala noticia (que tu perro me desgarra cada mañana el periódico), piensa en una buena (que intenta estar informado) para expresar ambas juntas. Si bien a menudo se carece de una buena, casi siempre se encuentra una cómica.
- **Defensa personal mental**: Los golpes de los demás pueden ser empleados en propio beneficio, como en muchas artes marciales, simplemente con dejar de oponer resistencia ante ellos y aprovechándolos así en beneficio propio: «usted opina que no destaco por mi belleza, pero Dios prefiere a las que tenemos aspecto normal, por eso ha hecho tantas».

- **Avivar el fuego:** Consiste en no sorprenderse ante las reacciones negativas de los demás, sino por el contrario divertirse con ellas. ¿Alguien está escuchando a hurtadillas nuestra conversación? Podemos continuar en tono muy natural con un lenguaje en código: «Aún no han llegado los planos, pera esta tarde contactarás con X-567 para el asunto meteoro». Se trata de una técnica que debe ser sutil, pues tiene gracia si la otra persona no se lo espera.

4ª Instrucción del sentido común

Su principio es el siguiente: **si lo pensamos bien, siempre existen posibilidades** (si dejamos de limitar nuestra mente vemos que todo se amplía).

Todas las reacciones creativas parecen en primera instancia absurdas pues constituyen maneras no probadas anteriormente, a veces impensables.

Usar el absurdo permite enfocar las cosas de una forma diferente, aunque sea a través de una tontería, y así cambiar el curso de los acontecimientos a mejor.

Las reacciones nuevas y originales son por definición infinitas. Pero veamos unos ejemplos:

- **Hacer el payaso a propósito:** Basta con añadir seriamente un pequeño detalle, como por ejemplo: un tic facial inverosímil cada quince segundos; colocar la punta de los pies hacia adentro aparentando naturalidad; un calcetín de diferente color en cada pie; peinarse el pelo de forma exagerada y distinta, etc. Verás como esto reduce drásticamente algunas reacciones hostiles.
- **Recordatorios escritos:** Redacta notas ingeniosas que planteen las cosas de un modo sorprendente. Por ejemplo, poner en una máquina que funciona según su «propia voluntad» un cartel con la leyenda: «Cuando no quiero funcionar, no me golpee o reaccionaré aún peor».

- **Plantearse «¿Y sí...?»**: Esta pregunta favorece la creatividad pues ayuda a enfocar de modo más original las circunstancias, personas y cosas.

Manual para el propio uso y disfrute

A continuación, te ofrecemos unas recetas sencillas y muy útiles para disfrutar de un buen humor.

Si usas tu sentido del humor te darás cuenta de que...

- Si alguien no puede reírse de un tema es porque tiene un grave problema consigo mismo.
- Y, si no puede reírse de sí mismo, es porque en el fondo se considera demasiado terrible.
- El sarcasmo ácido o la burla humillante son producto del mal humor, no del bueno.
- Las cosas de las que más cuesta reírse son las que pueden provocarnos más risa: las que nos tocan de cerca.
- Es indispensable moderar las propias reacciones para practicar el buen sentido del humor.
- La gravedad de las dificultades depende mucho de la importancia que les damos.
- En sentido estricto, nos rodea la relatividad.
- Según una larga y profunda experiencia, el buen humor funciona (lástima que ésta experiencia se adquiere después de haberla necesitado).

Consejos para pasar un día divertido

- Desayuna escarabajos, ya no te pasará nada peor esta jornada. Si no tienes escarabajos disponibles, conténtate pensando de lo que te has librado.

- Pregúntate cada media hora: ¿me divierto?, ¿qué tiene esto de divertido?, ¿qué podría tener de divertido?
- Recuerda que cuando estás demasiado ocupado/a para reírte, realmente lo estás.
- Cuando trates con alguien, ten en cuenta que dos personas jamás son iguales, lo cual casi siempre alegra a ambas.
- Nunca intentes enseñar a cantar a un cerdo, pierdes el tiempo y molestas al animal.
- Sonríe a la mínima ocasión, recuerda que cuando tus labios dibujan esa línea curva se enderezan muchas cosas.
- Carcajea cuando lo desees sin pensar en lo que piensan de ti, pues casi no piensan en ti.
- Si el día aún así te fue fatal, duerme feliz, pues cuanto mas caótica es una situación más gracia suele tener con el tiempo. Sólo has de dejar que pase el tiempo suficiente.

Segunda parte
Desarrolla tu ingenio

José Corrales

Capítulo 9

El humor es algo serio

> *La risa sirve para poner distancia entre nosotros y algún suceso, lidiar con él y dar vuelta a la hoja.*
>
> Bob Newhart

Humor y salud

Siempre se ha sabido que el humor es bueno para la salud pero ahora se está descubriendo que es mucho mejor de lo que se pensaba.

—Señorita, no creo que yo me merezca un cero.
—Y yo tampoco, pero es la nota más baja que me dejan poner.

Un señor muy feo va a visitar el zoo. Al entrar en la zona de los monos, observa que un orangután le hace señas con el dedo para que se aproxime. Cuando se acerca a la jaula, el orangután le dice: —Tienes que darme la dirección del abogado que te sacó de aquí.

Un niño llega a casa con las notas, las arroja airado encima de la mesa y dice a su padre: —¡Lo ves cómo era hereditario!

La lectura de estos chistes acaba de producir en tu organismo diversos efectos beneficiosos. Tanto el corazón como el sistema circulatorio han experimentado una saludable estimulación y el nivel de oxigenación ha aumentado; pero lo más importante es que también ha mejorado tu resistencia al estrés, a las infecciones y al cáncer.

Desde muy antiguo, se sospechó que existía una relación entre las emociones y la salud, pero sólo recientemente se han empezado a conocer las bases científicas de este hecho y a percibir su enorme importancia.

La base de esta relación está en el funcionamiento del sistema inmunológico, que es el encargado de luchar contra las enfermedades de origen infeccioso y, además, de eliminar las mutaciones celulares que puedan dar lugar a tumores cancerígenos. La actividad de este sistema la controla el cerebro utilizando unas substancias llamadas neurotransmisores. Se ha comprobado que las órdenes enviadas por el cerebro dependen del estado de ánimo. Cuando éste es optimista y positivo, el sistema inmunológico recibe la orden de estar alerta y extremar las precauciones; por el contrario, cuando el ánimo es negativo parece haber una cierta dejadez y las defensas se relajan.

Otra importante fuente de enfermedades es el estrés. En pequeñas dosis es incluso conveniente, pero cuando se vuelve crónico provoca un amplio espectro de males: hipertensión, colesterol alto, asma, lumbalgias, depresiones, agotamiento, insomnio, etc. Las emociones positivas, especialmente el humor, contrarrestan el estrés por varias vías. Por ejemplo, uno de los problemas que genera la adrenalina que se segrega en estados de estrés es que, al llegar a la sangre, se convierte en cortisol y entorpece la acción del sistema inmunitario; pues bien, recientemente se ha demostrado que la risa reduce notablemente los niveles de cortisol.

Un estudio que engloba los resultados de 101 investigaciones distintas, con miles de personas, reflejó que los afectados por emociones perturbadoras son doblemente propensos a contraer enfermedades como el asma, la artritis, la jaqueca y la úlcera péptica. El mismo estudio indica que el pesimismo y la ira son tan malos para el corazón como el colesterol o el tabaco.

La medicina está empezando ahora a llevar a la práctica estos descubrimientos teóricos. Para provocar emociones saludables se están empleando procedimientos como las terapias de apoyo y la fe religiosa; pero la mayoría de los terapeutas utilizan la risa ya que no hay nada como el humor para desencadenar un torrente de regocijo.

Ahora son ya muchos los hospitales y las facultades de medicina que tienen proyectos de investigación sobre las propiedades terapéuticas de la risa y se han creado asociaciones dedicadas a divulgar y extender sus aplicaciones.

Algunos hospitales infantiles del este de Europa cuentan desde hace tiempo con payasos, pues con su ayuda los niños se recuperan más rápidamente. Por su parte, en España se han realizado ensayos, con resultados muy favorables, en varios hospitales y, en algunas ciudades, ya se han abierto centros de la llamada «risoterapia».

No es que la risa lo vaya a curar todo y que pueda llegar el día en que el médico de la seguridad social nos recete dos chistes antes de cada comida, pero puede ser una valiosa terapia de apoyo y especialmente de prevención de enfermedades psicosomáticas.

Éxito social y profesional

Pero los efectos positivos del humor no se limitan a la salud. Es evidente que las personas con sentido del humor son muy apreciadas y altamente valoradas. Esta valoración social tiene varios efectos positivos, pero quizás el más importante de ellos sea su incidencia sobre la autoestima.

Se acostumbra a relacionar la felicidad con la salud y el dinero, pero sin duda el factor que más influye sobre ella es la autoestima; es decir, la confianza en uno mismo.

Haz una pequeña prueba: detén un momento la lectura y trata de recordar la última vez que algún éxito personal te devolvió la felicidad y la confianza en ti mismo. ¿Recuerdas lo bien que te sentías? Pues así se sienten a menudo las personas con una fuerte autoestima.

Por otra parte, todos los educadores saben que la autoestima es un elemento imprescindible para el éxito académico y profesional. Benjamin Bloom, después de seguir la carrera de un amplio número de estudiantes de la Universidad de Chicago, comprobó que los que llegaban a destacar por su talento no contaban de partida con especiales cualidades, pero sí con una fuerte autoestima que propiciaba el que, con el paso del tiempo, llegaran a desarrollar su talento.

La autoestima es la opinión que la mente inconsciente se ha ido formando de nosotros mismos y suele estar más relacionada con circunstancias del pasado, a menudo completamente intrascendentes, que con la realidad actual.

Se ha descubierto que para que el inconsciente cambie su valoración, hay que bombardearlo insistentemente con opiniones y estímulos positivos, hasta lograr que éstos pesen más que los negativos. En otras palabras, se trata de ir sumando puntos positivos hasta que superen con creces los negativos. Las personas de baja autoestima se distinguen precisamente por no ver en sí mismas muchas cosas buenas. Así que su única posibilidad de mejora son los puntos positivos que les otorguen los demás, en forma de manifestaciones de aprobación, reconocimiento o admiración.

Cada vez que hacemos reír a los demás, nuestro inconsciente recibe numerosos y potentes estímulos positivos al captar la admiración y el aprecio que los oyentes exteriorizan de forma sorprendentemente generosa. Es pues evidente que el sentido del humor es una potente fuente de estímulos positivos, que puede, por tanto, influir sobre la autoestima.

Por otro lado, el humor es un recurso utilísimo en muchas ocasiones de la vida profesional, ya que una broma a tiempo puede eliminar barreras y suavizar tensiones en cualquier situación. El humor, además, contribuye poderosamente a cohesionar el grupo y a reforzar el espíritu de equipo.

Un estudio realizado entre más de 150 ejecutivos de grandes empresas norteamericanas demostró la importancia del sentido del humor en la carrera profesional. Al preguntar a los encuestados si éste es un factor importante para llegar a ocupar puestos de alta dirección, el 45 % contestó que era «muy importante» y el 46 % que era «importante»; sólo un 2 % dijo que no tenía ninguna importancia.

En las profesiones relacionadas con la comunicación, su importancia es aún mayor. Una buena prueba del creciente papel del humor en este campo se puede ver diariamente en los anuncios de televisión: cada vez son más los que se apoyan en anécdotas jocosas para transmitir su mensaje. Los conferenciantes profesionales también lo utilizan para reforzar los puntos clave y amenizar sus presentaciones, y los profesores están empezando a explorar sus posibilidades.

También se está investigando la importancia del humor en el ambiente de trabajo: no sólo contribuye a fomentar la iniciativa y la creatividad, sino que diluye las tensiones negativas y reduce el absentismo laboral y las bajas por enfermedad.

En resumen, además de reducir el nivel de estrés y aumentar la resistencia a las infecciones, el humor refuerza la autoestima personal y aumenta las posibilidades de éxito profesional y social.

Capítulo 10

La psicología del humor

*La imaginación consuela a los hombres
de lo que no pueden ser.
El humor los consuela de lo que son.*

Winston Churchill

Son muchas las personas que, a lo largo de los siglos, han tratado de descifrar los secretos del humor: sirva de ejemplo Platón, Aristóteles, Cicerón, Hobbes, Francis Bacon, Descartes, Hegel o Freud. Las obras más influyentes y conocidas sobre el tema son *La risa*, del francés Henry Bergson, filósofo y Premio Nobel de Literatura, y *El chiste y su relación con lo inconsciente* de Sigmund Freud.

No obstante, a pesar de tanto esfuerzo, aún no hay un modelo teórico capaz de aclarar todos los aspectos del fenómeno humorístico y para entenderlo hay que recurrir a explicaciones parciales y fragmentadas.

A continuación, resumimos las cuatro teorías consideradas «clásicas».

Teoría de la incongruencia

Según esta tesis, el humor se desencadena al asociar dentro de un mismo contexto dos ideas incongruentes entre sí. Es decir, dos conceptos que por separado podrían resultar completamente lógicos, pero que colisionan estrepitosamente al relacionarse entre sí.

Veamos un ejemplo de Mark Twain:

Dejar de fumar es facilísimo,
yo ya lo he logrado más de diez veces.

Vistas aisladamente, ninguna de las dos líneas tienen nada de extraordinario; pero, al unirlas en un sólo contexto, la lógica de la segunda rompe estrepitosamente con la de la primera.

La forma más frecuente de construir estas asociaciones incongruentes es empezando con un planteamiento que encamine el pensamiento en alguna dirección determinada y, después, darle un giro inesperado, para pasar a otro plano distinto cuya lógica choque con la del primero. Por ejemplo:

El marido a su esposa: —¿Cariño, si te tocasen 100 millones me dejarías de querer?
—No mi vida; pero te echaría mucho de menos.

Después del «no mi vida», el relato da un quiebro imprevisto que rompe con la lógica inicial.

Sin embargo, no es imprescindible que el chiste tenga dos partes distintas para poder construir una incongruencia; basta con una sóla que viole las reglas de la lógica o las costumbres aceptadas por la sociedad. El humor de lo absurdo, que tuvo en la literatura española representantes tan geniales como Mihura, Jardiel Poncela o Tono, se suele basar en este tipo de incongruencias que rompen la lógica. Por ejemplo:

—¡Qué ganas tengo de que nazca nuestro hijo para saber cómo se llama!
MIGUEL MIHURA

El médico al paciente: —Es una lástima que no tenga usted una pulmonía, porque es de lo que más entiendo.
TONO

En estos dos ejemplos no hay, como sucedía en los anteriores, una segunda parte que choque con la lógica de la primera. Aquí el encontronazo arremete contra el sentido común. Veamos otros casos:

Si Dios no existe, esta moqueta me la han cobrado demasiado cara.
WOODY ALLEN

—En comparación es barato.
—¿En comparación con qué?
—En comparación con otro más caro.
ENRIQUE HERREROS

El humor de los payasos también suele estar basado en la técnica de violar las costumbres o el sentido común. Por ejemplo, el payaso que se mete un dedo en el ojo, el mago que saca un cerdo del bolsillo en lugar de la esperada paloma o el cómico que cuenta obscenidades en público con total desparpajo.

Aún no se conoce el mecanismo fisiológico por el que la percepción de una incongruencia llega a desencadenar la risa. Algunos consideran que ser capaz de racionalizar el desconcierto inicial, provocado por la incongruencia, causa una especie de placer intelectual, pero olvidan que placer y risa no son la misma cosa. Arthur Koestler afirma que se trata de una especie de descarrile emocional: las ideas planteadas en la primera parte del chiste ponen en marcha unas emociones determinadas y, súbitamente, el pensamiento hace una quiebro y sigue un rumbo diferente. Como las emociones conservan durante más tiempo su inercia que las ideas, son incapaces de cambiar de vía y se descarrilan. Según el mismo autor, ese choque de emociones por un lado y el pensamiento por otro, es el que produce en el cerebro la sensación de que le han gastado una broma.

Se suele considerar a Francis Hutcheson, filósofo y moralista británico nacido a finales del siglo XVII, como el iniciador de la teoría de la incongruencia, a pesar de que ya en el siglo III antes de Cristo Chuang Tzu decía en un conocido texto taoísta que lleva su mismo nombre: «Lo cómico reside en una yuxtaposición de elementos incongruentes, como una gran nariz y un sombrero pequeño».

La teoría que se ha expuesto ha sido apoyada sin reparos por todos los que han estudiado el humor en los años posteriores a Hutcheson, incluyendo autores como Schopenhauer, Bergson y Freud. No obstante, todos ellos consideran que hay aspectos de lo cómico que no pueden ser explicados por la incongruencia, de ahí que se expongan otras teorías.

Teoría de la superioridad

El golpe de ingenio más famoso de la historia posiblemente sea el siguiente, atribuido al actor Sir Herbert Beerbohm Tree: en un pasaje de Ricardo III, cuando el derrotado monarca clama desesperado: «Mi reino por un caballo», un espectador se levantó y preguntó: «Oiga, ¿no le daría igual un asno?». Sin dudarlo un momento, el actor le replicó: «Pues sí, suba usted al escenario».

Las risas provocadas por esta réplica no se pueden explicar con la teoría anterior, porque la incongruencia que encierra es casi imperceptible. Lo mismo sucede con este otro caso:

> *Un diputado muy bajito estaba de pie lanzando un furibundo ataque contra el partido de Romanones, cuando éste le interrumpió para espetarle:* —Debo recordarle a su señoría, que el reglamento de esta cámara exige ponerse en pie para hacer uso de la palabra.

La incongruencia planteada por Romanones tiene aún menos estatura que el diputado en cuestión, pero su comicidad es evidente. Incluso hay incidentes cómicos en los que la incongruencia no parece ya débil, como en los casos anteriores, sino inexistente, por ejemplo el inoportuno resbalón de algún alto dignatario.

Para entender los chistes que se han reproducido anteriormente hay que recurrir a la llamada teoría de la superioridad, según la cual el empequeñecer a los demás nos hace sentirnos superiores y nos produce un placer instintivo que nos provoca la risa.

La réplica de Beerbohm Tree seguramente hizo desear al inoportuno espectador que se lo tragase la tierra y la de Romanones debió encoger aún más, si cabe, al diminuto diputado. Por comparación, los espectadores se sintieron instintivamente superiores y eso es lo que, según esta teoría, provocó sus carcajadas.

La paternidad de la misma se suele atribuir al filósofo inglés Hobbes, quien en su *Leviatán*, publicado en el año 1651, escribió que: «la pasión de la risa no es más que una gloria pasajera que surge de la repentina visión de alguna eminencia en nosotros mismos, por comparación con la miseria de otros».

Otros autores opinan que no se trata tanto de reforzar nuestra superioridad como de dar salida a la agresividad. Según Freud, la educación nos obliga a reprimir la expresión abierta y violenta de nuestros sentimientos de desprecio y agresividad; en cambio, el chiste nos proporciona un mecanismo para sortear esas inhibiciones y tratar temas que nuestra cultura o nuestros miedos nos impiden abordar por caminos más directos, con lo cual: «nos abre fuentes de placer que se habían vuelto inasequibles».

La inmensa mayoría de los golpes de humor encierran minusvaloraciones y burlas, unas veces abiertamente y sin tapujos, y otras ocultas bajo sutiles indirectas. No siempre son hirientes, a veces sólo son puyas cariñosas, pero como afirma Arthur Koestler: «Hay un punto en el que casi todos los teóricos coinciden: las emociones liberadas por la risa siempre tienen un elemento de agresividad».

Los ejemplos de este tipo de chistes son muy fáciles de encontrar:

El Edelmiro se ahogó, porque se puso a beber de un botijo y no dio con el mecanismo de parar.

Han encontrado un esqueleto detrás de un árbol. La policía cree que es del Edelmiro, que fue quien ganó el año pasado el concurso del escondite.

Su autobiografía no está mal, si no fuese por el mal gusto en la elección del personaje.
CLIFTON FADIMAN (refiriéndose a Gertrude Stein)

Un albañil clava un clavo en la pared con la punta al revés. Otro se le acerca y le dice: —¡Pero bestia, no ves que ese es de la pared de enfrente!

Me gustaría recordarle amablemente a los políticos que creen que soy un payaso, que no fui yo quien empezó.
COLUCHE

Es evidente que los chistes de este tipo pueden resultar ofensivos e hirientes cuando van dirigidos contra personas o grupos concretos, pero lo más frecuente es que vayan dirigidos contra personas o grupos con los que nadie se siente identificado y que, por lo tanto, resulten completamente inocuos. Incluso hay chistes que, según Freud, no van dirigidos contra terceros sino contra el propio intelecto. Él los llamó «chistes escépticos» y, aunque no aclaró muy bien su significado, podría haberse referido a casos como estos:

—¡Caramba Don Jerónimo! Está usted muy cambiado.
—Es que yo no soy Don Jerónimo
—¡Pues más a mi favor!
TOTO

Doctor, espero estar gravísimo porque no me gustaría sentirme así de mal estando bien.

El suicidio es la forma más sincera de autocrítica.

—Ya no sé si soy de los nuestros.
PÍO CABANILLAS

Pero tal como se verá más adelante, a pesar de la opinión del padre del psicoanálisis, un ataque contra algo tan abstracto como el intelecto no puede resultar cómico. Seguramente nuestro inconsciente percibe en estos chistes burlas personales, nada abstractas, que nuestro pensamiento consciente no alcanza a ver y que son las que le dan la comicidad.

Hay algunas bromas que incluso parecen contradecir la teoría de la superioridad porque van dirigidas contra la propia persona que las cuenta. Por ejemplo:

—*Mi padre dice que descendemos de los monos; ya notaba yo algo raro en mi familia.*

Pero es evidente que no hay contradicción con la teoría, porque quién cuenta chistes de este tipo está haciendo una pequeña inmolación de su autoestima en aras del sentimiento de superioridad de aquellos a quienes desea hacer reír. Estas bromas, tan frecuentes en culturas como la judía o la anglosajona, son muy raras entre nosotros. Nos encanta autoflagelarnos en otros temas, pero nunca haríamos chistes sobre nosotros mismos. Quizás debiéramos tener en cuenta el dicho popular de que «quien no se ríe de sí mismo le deja todo el trabajo a los demás», pero en nuestra cultura preferimos los chistes en los que un alemán, un inglés y un español se enfrentan a la misma prueba y es éste último quien demuestra mayor sagacidad.

En resumen, la agresividad y el recurso a los sentimientos de superioridad parecen estar presentes en todas las muestras de humor. Incluso hubo épocas en las que para provocar la risa se recurría sin ningún sonrojo a la burla hiriente y pesada dirigida contra los débiles, los tullidos y los retrasados mentales. Afortunadamente, la educación y el desarrollo intelectual nos están ayudando a reprimir las exteriorizaciones más nocivas de este sentimiento de superioridad; ahora nos basta con unas gotas de malicia para satisfacer nuestros instintos, y los golpes de humor pueden provocar inmenso regocijo con unos daños colaterales bastante aceptables. Son como las rosas que, aunque escondan alguna espina, no por eso dejan de ser un lujo de la naturaleza.

Teoría de las características diferenciales o de la caricaturización

La exageración o la caricaturización de las características diferenciales de grupos étnicos o de personas conocidas nos proporciona un regocijo indudable. Esa es la razón por la que tienen tanto éxito los imitadores y por la que muchos humoristas simulan acentos regionales.

La técnica de la caricatura consiste en resaltar los aspectos cómicos de la situación, pero, como dice Freud, si ésta no los tiene, «se crean sin reparo alguno, exagerando uno no cómico en sí mismo». Veamos un ejemplo:

> *Va un hombre negro vestido de judío por la calle; un señor se le acerca y le dice:* —¡*Pobrecito, lo que habrá tenido que sufrir usted, judío y además negro!*
> *El hombre se vuelve emocionado y le dice:* —¡*Che, pibe, y vos todavía no sabés lo peor!*

Este chiste perdería buena parte de su gracia sin un fuerte acento argentino.

La caricatura puede tomar formas muy variadas. Por ejemplo Mr. Bean, el conocido humorista británico, es realmente un caricaturista que busca los comportamientos tacaños, inmaduros o mezquinos de sus compatriotas y los exagera hasta lo cómico. Es evidente que en esta técnica opera el rebajar a los otros y, por tanto, tiene alguna similitud con la del sentimiento de superioridad.

Teoría de la actuación

Según estadísticas recientes, nos reímos una media de 17 veces al día, la mayor parte de ellas en el contexto de conversaciones en grupo y sin que medien chistes ni efectos cómicos de ningún tipo. También se ha visto que, contra lo que intuitivamente cabría esperar, se ríen mucho más los que están en el uso de la palabra que los que escuchan. Asimismo, se ha comprobado que las mujeres se ríen más que los hombres.

Para esclarecer el origen de este tipo de risa hay que recurrir a una explicación muy poco conocida, la llamada teoría de la actuación, según la cual podemos «actuar» como si todo nos hiciese gracia y llegar a reírnos de casi cualquier cosa. Los niños muestran a veces una rara habilidad para este tipo de risa «actuada».

Las risas y las bromas de unos pueden «contagiar» al resto del grupo, induciéndolos a actuar de la misma forma, por eso en muchas series cómicas de la televisión se emplea un fondo de carcajadas grabadas. En algunas ocasiones este «contagio» ha llegado a adquirir caracteres de «epidemia», como la desatada en 1962, en Tanganika, que afectó a varias escuelas femeninas. Tras seis meses sin que nadie diese con una solución para cortarla, las autoridades tuvieron que cerrar las escuelas afectadas.

Esta teoría de la actuación, debida a Michael Mulkay, sirve también para explicar esas situaciones insólitas en las que hasta los peores chistes provocan fácilmente la hilaridad de los asistentes. Los siguientes son muy adecuados para esas ocasiones:

Un hombre muy tímido llega a un bar y dice:
—*Camarero, un café.*
—*¿Sólo?*
—*Bueno, que sean dos.*

—*¿En que se parecen un elefante y una mariposa?*
—*En que ambos vuelan, salvo el elefante.*

Conversación entre amigos:
—*Íbamos yo y Moncho...*
—*Íbamos Moncho y yo* —*le corrige el amigo.*
—*¿O sea, que yo no iba?*

Una madre a su hijo:
—*Si no dejas de gritar me vas a volver loca.*
—*Me parece mamá que ya es tarde, hace una hora que dejé de hacerlo.*

—*Buenas. Quería unas gafas para leer.*
—*¿Otras? ¡Pero si ya le vendí unas ayer!*
—*Si, pero ya me las he leído.*

Otras teorías

Por supuesto existen otras teorías, aunque en algunos casos sólo se trate de simples variantes o combinaciones de las anteriores.

Una de las más conocidas es la teoría de la descarga emocional, según la cual la risa se desencadena al crear el chiste una tensión que después se esfuma o resulta ser inocua. El organismo aprovecha este mecanismo de descarga para aliviar tanto la pequeña tensión creada por el chiste como otras acumuladas en el inconsciente, tales como temores, sadismo reprimido, aburrimiento, etc. Quizás sea esta función de la risa la que hace que los chistes populares proliferen especialmente en las épocas de grandes crisis y de fuertes convulsiones sociales.

El autor de esta teoría fue Herbert Spencer, filósofo inglés del periodo victoriano, conocido por su intento de aunar la filosofía con la ciencia moderna y, especialmente, con la teoría de la evolución de las especies. Después fue adoptada también por Freud, de ahí que en algunas publicaciones lleve su nombre.

Otra teoría curiosa es la de McDougall que, en un artículo publicado en 1903 por la revista *Nature*, aseguraba que la risa no es más que un instinto desarrollado para protegernos contra nuestra innata tendencia a sentir lástima y simpatía por los demás. Es decir, afirmaba que la risa puede ayudarnos a insensibilizar o endurecer nuestros sentimientos. Pope, por el contrario, aseguraba no haber conocido a ningún hombre que no fuese capaz de soportar con cristiana resignación la desgracia de los demás.

La teoría evolucionista

A pesar de la existencia de tantas teorías sobre el humor, la situación sigue siendo parecida a la descrita en 1902 por el francés Dugas en su libro *Psicología de la Risa*: «Ningún hecho ha tenido el don de excitar más la curiosidad del vulgo y de los filósofos; sobre ninguno se han recogido más observaciones ni construido más teorías y, con todo, ninguno permanece más inexplicado».

A nuestro entender, para descubrir la naturaleza del humor hay que retroceder un millón de años en busca del momento en que se oyeron las primeras risas.

Supongamos que una mañana temprano iniciamos ese largo viaje hacia el pasado en una máquina del tiempo que alcanza los 1.000 años por hora de velocidad. La máquina es una especie de platillo volante que primero se eleva en el aire y, después, comienza su vertiginoso retroceso en el tiempo.

Desde la ventanilla, vemos cómo los coches, que actualmente dominan la tierra, desaparecen como una exhalación. El tamaño de las grandes aglomeraciones urbanas también disminuye con rapidez y, al cabo de una hora, ya sólo quedan pequeñas poblaciones amuralladas.

Para cuando llega el mediodía, ya han desaparecido todos los vestigios de civilización y, a partir de entonces, el largo viaje se vuelve tremendamente monótono. Los seres vivos no se ven desde la ventanilla porque su ir y venir resulta demasiado rápido para que pueda ser captado por el ojo humano.

Si pudiésemos observarlos, nos parecería que las personas caminan hacia atrás y que, en lugar de envejecer, sus vidas se desarrollan al revés, volviéndose cada vez más jóvenes, hasta convertirse en niños.

Tampoco la superficie de la Tierra se puede observar con nitidez debido a la rapidez con que pasan las estaciones. Pero, a veces, vemos como todo es cubierto por la nieve y que permanece así durante horas y horas (que allí abajo suponen decenas de miles de años): son las glaciaciones.

La máquina continúa retrocediendo, impasible, manteniendo la velocidad antes indicada. Por fin, tras casi un mes y medio, el viaje en el tiempo se detiene y el platillo volante desciende sobre una amplia llanura. Lo más parecido a los seres humanos que hay en esos parajes es una especie de monos que vagan en pequeños grupos en busca de frutos y raíces. Tienen una mirada asustadiza y de sus gargantas sólo salen algunos sonidos guturales. Van completamente desnudos y no parecen tener más pertenencias que algunos palos y piedras que utilizan como herramientas.

A primera vista, no parece que allí suceda nada especial que haya merecido tan largo viaje. Sin embargo, es el momento y el sitio donde la evolución ha puesto en marcha el plan más ambicioso que jamás se haya llegado a concebir: ha tomado un mono y le está introduciendo las modificaciones necesarias para convertirlo en un hombre.

Según Charles Darwin, la evolución natural utilizó un procedimiento asombrosamente sencillo para diseñar nuevas especies a partir de otras ya existentes. El primer paso consistía en introducir, completamente al azar, pequeños cambios sobre el organismo original. Por ejemplo, una mayor agudeza visual o una pierna más corta que la otra. El segundo y último paso consistía en impedir la reproducción de aquellos individuos cuyo diseño resultase poco eficaz.

Si el nuevo organismo era demasiado defectuoso no sobrevivía lo suficiente como para llegar a aparearse y, por tanto, no perduraba. Si llegaba a la edad adulta, entraba en funcionamiento un segundo mecanismo de selección consistente en una clara preferencia sexual de los individuos del sexo opuesto por los diseños más logrados. Esta preferencia dificultaba considerablemente la reproducción de los más débiles y facilitaba la de los más fuertes.

Todos hemos visto en los programas de televisión el procedimiento utilizado por los animales salvajes para identificar a los machos superiores y dirigir hacia ellos la atención de las hembras. Consiste en enfrentamientos entre ellos, que nunca llegan a causar bajas, pero que siempre tienen claros ganadores y perdedores.

Para evolucionar desde el mono hasta el hombre hacía falta un mecanismo distinto de selección sexual. El que acabamos de mencionar había resultado muy eficaz para lograr animales sanos, fuertes y bien adaptados al entorno, pero no para desarrollar su inteligencia. El objetivo de lograr un mono inteligente necesitaba de un mecanismo de selección capaz de incentivar la capacidad intelectual, y a la vez suficientemente sencillo como para que estuviese al alcance de la limitada inteligencia de un simio.

Así fue como, en aquellas llanuras herbáceas que existieron hace dos millones de años, surgió la primera risa para señalar a los individuos cuya herencia genética había que eliminar.

Aquellos homínidos, de cuyas gargantas sólo salían sonidos guturales, comenzaron a reírse de las limitaciones de sus congéneres. Si uno de ellos tropezaba y se caía, su torpeza no pasaba desapercibida, las risas de los demás se encargaban de airearla a los cuatro vientos y de dirigir hacia él el menosprecio del grupo.

Lo mismo que sucedía con los machos perdedores de los enfrentamientos mencionados anteriormente, cuando el grupo se reía de alguien que aún no tenía pareja, automáticamente disminuían sus probabilidades de llegar a formarla. Si ya la tenía, también se reducían las probabilidades de que sus genes se perpetuasen, porque las risas erosionaban fuertemente su posición social y le privaban del respeto del grupo, con lo cual empeoraban sus posibilidades de poder alimentar y defender a sus crías.

Por otra parte, las risas provocan en los individuos afectados una sensación de vergüenza y esta es una emoción negativa que probablemente tenga efectos perniciosos sobre la salud.

Gracias a este mecanismo de selección natural que premia la inteligencia y la habilidad para la vida en grupo —y no sólo las facultades físicas como en el caso de los animales—, las nuevas generaciones de homínidos se fueron haciendo cada vez más inteligentes.

Es probable que alguien piense que una experiencia tan compleja como la del humor no pueda ser generada por un simple instinto ancestral. Pero hay que recordar que la naturaleza no repara en gastos cuando se trata de defender la especie humana; unas emociones tan sublimes como las relacionadas con el amor también surgieron de un simple instinto de reproducción. La cultura ha ido matizando poco a poco este instinto que nos lleva a marcar a los débiles pero, aunque se disfrace, nunca nos abandonará del todo porque está escrito en nuestro código genético.

Para completar esta teoría, que llamaremos «evolutiva», aún nos queda por ver el mecanismo utilizado para reconocer los comportamientos propios de los individuos inferiores o genéticamente indeseables. Debía ser un mecanismo capaz de detectar tanto la torpeza física como la mental y que no resultase demasiado complejo para aquellos cerebros primitivos, a los que aún les faltaban cientos de miles de años para llegar a adquirir el don de la palabra.

La respuesta está en el llamado «modelo mental»: el cerebro está continuamente tratando de anticiparse a los acontecimientos y haciendo previsiones sobre lo que puede suceder a continuación. Pocas cosas le cogen por sorpresa, antes de que giremos el volante a la derecha, le pidamos un aumento al jefe o metamos la mano en la jaula del león, él ya sabe lo que va a suceder con muy poco margen de error. Para ello, ha construido una réplica imaginaria del mundo real, una especie de maqueta animada que recibe el nombre de «modelo mental». Para saber cómo reaccionaría el león al ver una mano humana introducirse por los barrotes de la jaula, sólo tiene que simular la acción en el modelo mental y ver cual sería el resultado.

Este mismo modelo también sirve para detectar la torpeza. Supongamos que el homínido A contempla como el B se dispone a saltar un charco de barro. Su modelo mental hace rápidamente una previsión sobre el punto de aterrizaje y, a partir de ahí, pueden suceder varias cosas:

- **Torpeza física:** El modelo mental de A prevé que B alcanzará la otra orilla, pero éste resulta ser muy torpe y cae en medio del charco. Esa incongruencia entre la agilidad demostrada y la que hubiese sido normal, pone en marcha el implacable mecanismo de selección de la especie y la risa se encarga de proclamar a los cuatro vientos la deficiencia de B.
- **Torpeza mental:** Supongamos ahora que A prevé que B no va a ser capaz de alcanzar la otra orilla porque el charco es demasiado ancho y, efectivamente, B cae en medio del barro. No se ha producido ninguna incongruencia entre el salto real y el esperado; B no es ningún saltador torpe. Sin embargo, la risa de A se desata porque su modelo mental ha detectado otra incongruencia con respecto al comportamiento normal: alguien que salta cuando no debe.

En ambos casos ha sido la incongruencia, es decir, el comportamiento distinto del esperado, la que ha provocado la risa del homínido, pero ha sido necesaria la intervención de otro elemento adicional.

Supongamos que el cerebro de A prevé que B no puede saltar el charco, pero éste resulta ser un saltador extraordinario y alcanza la otra orilla sin dificultad. ¿Por qué no se ríe ahora el homínido A?

Se ha producido una incongruencia muy parecida a la del primero de los casos anteriores, el salto no encajó con la previsión del modelo mental, pero A no se ríe porque B no ha salido humillado.

Por tanto, para provocar la risa hace falta que se den simultáneamente las dos condiciones siguientes:

- Que se produzca una situación incongruente; es decir, fuera de lo esperado.
- Que esa incongruencia ponga de manifiesto la torpeza física o mental de alguna persona o grupo de personas.

Una deformidad física, como una nariz desmesurada que se salga de las expectativas del modelo mental, también produce un mensaje de incongruencia. Pero, según esta teoría, sólo provocará la risa cuando, a juicio del modelo mental, esa deficiencia le pueda llegar a causar dificultades a su poseedor. Por eso, puede provocar risa una enorme joroba y no unos bíceps monstruosos. Por supuesto, las equivocaciones deben haber sido frecuentes y probablemente los individuos de nariz larga o de orejas desiguales fueran discriminados injustamente, pero en términos estadísticos este mecanismo de detección funcionó aceptablemente.

Además de evidenciar la influencia de la risa en el desarrollo de la inteligencia humana, esta teoría nos descubre cómo debe ser el chiste para que resulte eficaz.

> Incongruencia
> + **Burla o minusvaloración**
> **CHISTE EFICAZ**

Sin incongruencia no hay efecto cómico, pero todo parece indicar que el volumen de las risas producidas dependerá del calibre de la burla o minusvaloración. Tomemos el ejemplo siguiente:

El marido enfadado a la esposa: —*El único que no me engaña en esta casa es el niño.*
La esposa: —*Sí, pues te acaba de llamar papá.*

Probemos ahora a darle un sentido menos hiriente:

—*El único que no me engaña en esta casa es el niño.*
—*Sí, pues te acaba de aligerar la cartera.*

La incongruencia es idéntica a la del caso anterior pero, al bajar el calibre de la burla, el chiste resulta mucho más descafeinado.
Algunos autores creen en la existencia del chiste «benigno», basado únicamente en la incongruencia y sin ningún rastro de burla o malicia; pero es dudoso que tal cosa exista. Por ejemplo, cuando el botijo era un elemento cotidiano, los había con un orificio escondido bajo el pitorro, de forma que al beber, mientras uno de los chorros de agua se dirigía hacia la boca, el otro iba derecho al pecho del bebedor. Un botijo así es una incongruencia, pero su sóla contemplación no nos produce ningún efecto. Sólo nos reímos cuando alguien cae en la trampa y se empapa la pechera. Es decir, cuando alguien ha resultado burlado.
Además de las teorías de la incongruencia y de la superioridad, cuyo encaje dentro de este nuevo marco teórico es evidente, también las restantes teorías sobre el humor empiezan a tomar un sentido unitario. Tomemos por ejemplo la de los elementos diferenciales: cualquier grupo o individuo que exhibiese unas características marcadamente distintas tenía muchas posibilidades de ser una mutación y, por tanto, no es extraño que las risas surgiesen con especial fuerza a la primera señal de torpeza.
Según la última teoría expuesta, el propósito de la risa es cruel y despiadado, al menos visto desde el confort del tercer milenio, pero sin ella seguiríamos en la edad de piedra. Incluso es posible que sin la risa los depredadores hubiesen logrado borrar de la faz

de la tierra a aquella familia de monos que un día abandonó la protección de los bosques para aventurarse en las peligrosas llanuras herbáceas.

Anatomía de la risa

Después de haber visto como surge el humor, vamos a analizar las reacciones que provoca en el organismo.

En la respuesta ante una situación cómica intervienen dos fenómenos completamente distintos:

- La alegría o regocijo
- La risa

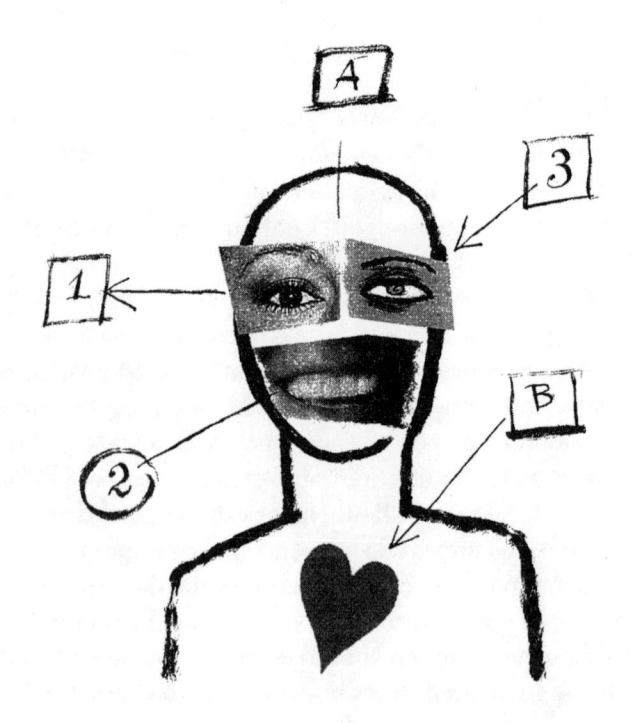

Ambas tienen mucho más de pura reacción fisiológica que de fenómeno intelectual y se desarrollan en las partes más primitivas y profundas del cerebro.

La **alegría** es una emoción, lo mismo que la furia, la tristeza, la vergüenza o el miedo. Más adelante, al tratar el desarrollo del neocortex, se comprenderá mejor la naturaleza de las emociones. Mientras tanto, explicaremos sus características básicas apoyándonos en una de las emociones más fáciles de observar: el miedo. Supongamos que se nos acerca una serpiente. Mucho antes de que hayamos tenido tiempo de pensar, una zona primitiva y poco reflexiva de nuestro cerebro se hace cargo del control y decide atacar o huir. A continuación, la amígdala, una pequeña glándula localizada en el cerebro, desencadena una serie de cambios bioquímicos que preparan el organismo para una reacción rápida y eficaz.

Desde nuestra conciencia podemos observar y «sentir» el efecto de las emociones, pero sólo una vez que se han producido. Es decir, las emociones surgen más rápidamente que los razonamientos, suelen dominarlos y provocan ciertas formas de actividad glandular.

Mientras que la alegría es una respuesta emocional, la **risa** es una reacción de tipo reflejo, como cuando cerramos los ojos ante la proximidad de un objeto agresivo o esquivamos una maceta que se nos viene encima.

Los reflejos son respuestas automáticas del organismo más primitivas aún que las emociones. Koestler opinaba que la risa es un «reflejo de lujo» porque no le parecía que tuviera propósitos defensivos o reproductivos, como sucede con todos los demás reflejos, pero la nueva teoría que hemos expuesto anteriormente le otorga un papel esencial en la evolución de la especie humana.

En ocasiones, se ha tratado de hacer distinciones entre la risa y la sonrisa, pero no existe ninguna diferencia básica entre ellas; sólo se trata de dos niveles de un mismo fenómeno; la risa no es más que una sonrisa a todo pulmón.

El ser humano moderno ha convertido la sonrisa en el más universal de los mensajes y la ha dotado de una compleja gama de funciones sociales, pero eso no la hace distinta de la risa. La única razón por la que se utiliza la primera más que la segunda es porque se trata de un «nivel» más fácil de controlar a voluntad.

¿Tienen que concurrir el regocijo y la risa para que se pueda hablar de humor o basta con uno sólo de ellos? Algunos autores, como el humorista Wenceslao Fernández Flórez, creen que basta con el regocijo. Así, en su discurso de entrada en la Real Academia, este humorista decía que el humor «se dirige la mayor parte de los casos al sentimiento» y que «puede hacer reír y puede no hacer reír, sin dejar de ser humor, porque no es eso lo que se propone». Pero no parece que esta opinión sea acertada, porque hay innumerables casos de regocijo carentes de comicidad. Por ejemplo, los poemas de Federico García Lorca pueden llenar el alma de regocijo y sorprender por su ingenio y su belleza; sin embargo, nadie los catalogaría dentro del genero cómico.

La risa por sí sola tampoco es suficiente. Algunos enfermos de esclerosis múltiple, la enfermedad que sufre el reconocido físico Stephen Hawking, sufren ataques de risa descontrolada. Pero esta terrible enfermedad neurológica no es el único ejemplo de risa sin regocijo: en el año 1840, un cómico de Nueva Inglaterra, llamado Colton, ideó un espectáculo sin regocijo que, sin embargo, tenía la risa garantizada. Consistía en hacer respirar a los espectadores óxido nitroso, un gas también llamado «gas de la risa» que provoca ataques de hilaridad. A los más aprovechados, que inhalaban con avaricia, las ganas de reír se les debían quitar enseguida, porque este gas también fue utilizado como anestésico antes del descubrimiento del cloroformo.

Sin embargo, no hace falta recurrir a casos tan exóticos como los anteriores para demostrar que puede haber risa sin regocijo, hay ejemplos tan próximos como las cosquillas. Curiosamente, éstas pueden producir regocijo o risa, pero no las dos cosas a la vez.

Parece pues evidente que para que se pueda hablar de humor tiene que haber a la vez regocijo y risa, emoción y reflejo. Bien entendido que cuando decimos risa nos referimos a ese continuo que va de la sonrisa más leve a la carcajada más desbordante.

El rechazo hacia la risa

El rechazo hacia las formas ofensivas e hirientes del humor ha dado lugar a teorías e interpretaciones de dudosa base científica.

Este es, por ejemplo, el caso de la diferencia que algunos establecen entre «humor» y «comicidad». Los diccionarios no arrojan ninguna luz sobre la diferencia entre ambos términos, pero Pastor Petit lo tiene muy claro: «La comicidad, lo repetimos, es harina de otro costal, la comicidad es mera bufonería y peca grandemente de indiscreta; la comicidad se basa en el sarcasmo y persigue el ridículo para provocar la risa tan desenfrenada como inconsiderada».

Esta distinción que muchos autores hacen entre humor y comicidad no es más que un intento de diferenciarse de esos «pseudohumoristas» que se apoyan en las bromas fáciles y las expresiones obscenas para desatar el reflejo de la risa, aún a costa de herir la inteligencia y la sensibilidad. El esfuerzo por distanciarse de ellos, llamándoles «cómicos», está más que justificado, pero debieran ponerles nombres más contundentes y no crear diferenciaciones carentes de base científica.

El rechazo moral hacia algunas modalidades del humor no es nada nuevo. Hubo épocas en que la forma más frecuente de humor consistía en burlarse de manera despiadada de los débiles y los deformes; de hecho, Francis Bacon empezó por la deformidad física al elaborar una lista de las causas de la risa, lo que provocó reacciones de repulsa en muchos espíritus sensibles.

Como esos actos de humor bárbaro iban normalmente acompañados de una risa desaforada, el rechazo se centró a menudo en esta última.

Por ejemplo, Lord Chesterfield decía en 1748, en una carta dirigida a su hijo, que al hombre con nobleza se le ve sonreír pero «nunca se le oirá una risa». La repulsa fue especialmente intensa entre los puritanos ingleses y ello contribuyó, sin duda, a dar forma al peculiar humor inglés.

En la actualidad, la risa está completamente rehabilitada, hasta el punto de que nos resulta más chocante la anterior opinión de Lord Chesterfield que la del místico musulmán Jalaluddin Rumi cuando dice que «la esencia de la Verdad Última se ve claramente en la risa»; o la del teólogo norteamericano Pierre Berger que llega a atribuirle a la risa una cierta función «redentora».

En aquellas épocas de repulsa y de rechazo surgieron algunas tendencias que aún perduran. Una de ellas es la búsqueda de la incongruencia sin burla ni minusvaloración. Podemos encontrar en Internet millares de ejemplos de «chistes» incongruentes y sin burla que, por tanto, son incapaces de hacer reír. Valgan como ejemplo:

Un suicidio bien hecho es irrepetible.

Todo el mundo se queja del tiempo pero nadie hace nada.
MARK TWAIN

Si los judíos fuesen realmente el pueblo elegido, Dios hubiese hecho que Moisés girase a la derecha al salir del Sinaí, porque allí es donde está el petróleo.

La equivocación de los bandidos generosos es que robaban a los ricos para dárselo a los pobres. De haberlo hecho al revés, aún existirían.

Estas frases son incongruentes e ingeniosas, y nos pueden proporcionar un cierto placer intelectual, pero al no encerrar ninguna minusvaloración no nos llegan a arrancar ni siquiera una sonrisa. Si alguien se ríe con ellas es casi seguro que se trata de una risa «actuada» y no por el efecto humorístico del chiste. Parece, por tanto, que estas frases ingeniosas y sin minusvaloración no debieran ser catalogadas dentro del género humorístico.

Capítulo 11

El humor a lo largo de la historia

A fin de cuentas, todo es un chiste.
CHARLES CHAPLIN

El humor es completamente universal: ha existido desde el origen del hombre y está presente en todas las culturas. En este capítulo analizaremos su evolución a lo largo de la historia de la humanidad, empezando por la prehistoria.

El humor en la Antigüedad

Aunque la risa no deje restos fósiles, es fácil averiguar de qué se reía el hombre de las cavernas. Una de las muchas incongruencias de este planeta es la coincidencia en el tiempo de la edad de piedra con la era espacial. Mientras unas «tribus» se levantan al salir el sol para ir a coger un avión, otras aún comienzan la mañana buscando piedras puntiagudas para construir flechas y herramientas. Los paleontólogos excavan incansables en busca de huesos y restos de utensilios para averiguar como vivíamos hace diez mil años, cuando a sólo unas horas de viaje aún quedan personas viviendo en aquellas mismas condiciones. De modo que para saber de qué se reían nuestros antepasados lejanos nos bastaría con leer los relatos de Ruth Benedict, Margaret Mead u otros muchos antropólogos, sobre la vida de los pueblos primitivos.

Aparentemente, se reían de incidentes relacionados con la fealdad, la torpeza física, la falta de luces o, simplemente, la mala suerte de los demás. En otras palabras, su humor se apoyaba básicamente en la burla hiriente y personal.

Los cronistas de la Antigüedad no han recogido las bromas de los personajes públicos de la época, pero es de suponer que deben haber sido temibles. De hecho, las pocas que han llegado hasta nuestros días así lo atestiguan, como la siguiente anécdota:

> *Kublai Kan, nieto de Gengis Kan, capturó a un general enemigo extremadamente obeso y, para divertirse, lo puso panza arriba en el suelo, atado de pies y manos en forma de X. Después, le introdujo una mecha por el ombligo y le prendió fuego. Así lo tuvo ardiendo varios días, como si fuese una lámpara, hasta que se consumió toda la grasa de su prominente barriga.*

A pesar de que luego resultasen ser falsos, a los dioses griegos les tenemos que agradecer muchas cosas. Por ejemplo, a Dionisio le debemos la comedia. Esta divinidad que, según la mitología, enseñó al hombre a elaborar el vino, no era tan inmortal como los demás ya que se moría cada invierno para volver a resucitar en primavera. Esta resurrección anual la celebraban los griegos con bacanales y con grandes competiciones dramatúrgicas. Así fue como, en el siglo V antes de Cristo, nació la comedia, la primera de las artes cómicas.

Las mejores comedias de los festivales dionisíacos fueron las de Aristófanes, quien lograba la comicidad con ataques groseros y ridiculizantes contra personalidades de la época. Los actores llevaban máscaras que recordaban los rostros de los personajes vilipendiados y utilizaban acolchados y atuendos grotescos para caricaturizar sus defectos físicos.

Platón dejó muy clara su valoración moral de la comedia griega cuando en uno de sus *Diálogos* señaló que el humor que proporciona está basado en la malicia y en el regocijo ante las desgracias ajenas. No obstante, encontramos la incongruencia inocua en algunas sátiras, como en la *Lisístrata* de Aristófanes, en la que las mujeres, hastiadas de las aficiones guerreras de sus maridos, se ponen de acuerdo para practicar la abstinencia mientras ellos no acuerden la paz. En la llamada «nueva comedía», que fue una especie de segunda época de la comedia griega, ya se empezaron a atacar costumbres y vicios genéricos en lugar de vilipendiar a personas concretas.

Pero donde realmente adquirió brillantez la comedia satírica fue en Roma, con autores como Plauto, Juvenal, Horacio y el español Marcial. Su comicidad seguía siendo tan ácida e hiriente como la de la comedia griega; los epigramas de Marcial, que podríamos definir como el arte del insulto versificado.

Los romanos destacaron también en el empleo del humor en la oratoria política. Pero sus chistes no pasaban de simples ataques de mal gusto contra sus oponentes, aunque Cicerón ya observaba en ellos el germen de la incongruencia cuando escribió en su *De Oratore* que una de las características de los chistes consiste en «decir algo distinto de lo que se espera».

El humor en la Edad Media

Tras la caída del Imperio Romano y la conquista de Occidente por los pueblos germánicos, Europa sufrió un profundo retroceso y se hundió en la oscuridad medieval. Durante este largo período, que duraría nada menos que un milenio, se truncó la tendencia hacia la humanización del humor que se había iniciado en la antigua Grecia.

La única institución que sobrevivió a Roma fue la Iglesia y ésta nunca fue muy partidaria ni de la comedia ni del humor en general. San Juan Crisóstomo, uno de los padres de la Iglesia, opinaba que «la risa y el habla jocosa no parecen ser pecados conocidos pero conducen a ellos», opinión nada descabellada en aquellos tiempos de humor basado en la mofa y el escarnio, tan contrarios a los valores cristianos de la caridad y el amor al prójimo. También pudo haber influido en esa actitud eclesiástica el hecho de que el humor esté tan asombrosamente ausente en las escrituras, tanto en el viejo como en el Nuevo Testamento.

Algunas de las expresiones sociales que nos pueden dar una idea de la naturaleza del humor medieval son, por ejemplo, las canciones «de escarnio y maldecir» (que se explican por su propio nombre) o los **goliardos**. Estos últimos eran estudiantes y clérigos seguidores del imaginario obispo Golías. Llevaban una vida libertina y disipada y, para amenizar sus frecuentes juergas, escribían licenciosas canciones satíricas. Fueron muy abundantes en Alemania, Francia e Inglaterra, especialmente en el siglo XIII. En España no tuvieron ningún arraigo pero pueden haber inspirado *El Libro del Buen Amor* del Arcipreste de Hita.

La más famosa recopilación de canciones goliardas es la que se conserva en un convento próximo a Munich, con el nombre de *Carmina Burana*, que sirvió después de inspiración al compositor Carl Off para su conocida cantata.

Pero, sin duda, la figura más característica del humor medieval es el **bufón**. Es sabido que los grupos siempre tienden a asignar ciertos roles y que uno de ellos es el del hazmerreír. En algunas épocas, este papel llegó a profesionalizarse, dando lugar a la figura del bufón. Pero los bufones no son exclusivos de esta época, ya en el antiguo Egipto utilizaban para el mismo fin a esclavos con malformaciones físicas o cierto retraso mental. Los romanos «importaron» después esta forma de diversión, de modo que había bufones en muchas familias pudientes e incluso en las tabernas, donde se utilizaban para atraer a la clientela. Además, en Roma introdujeron una variante que debió aumentar enormemente la cotización de los enanos y los tullidos en los mercados de esclavos: los combates a muerte entre gladiadores enanos y jorobados.

Los gladiadores desaparecieron con el Imperio, pero los bufones siguieron cumpliendo con su misión de alegrar los corazones de las casas reales durante toda la Edad Media. Seguramente, muchos de ellos se sentían privilegiados, porque muchos otros enanos y tullidos no tenían su suerte y se veían obligados a exhibir sus deformidades y sus locuras de feria en feria. Algunos llegaron a desarrollar una comicidad que iba mucho más allá de la simple exhibición de su fealdad y de las réplicas soeces y viperinas, que sólo a ellos les estaba permitido prodigar impunemente. Por ejemplo, Isabel de Este le prestó su bufón a su hermano Alfonso, casado con Lucrecia Borgia, para ayudarle a superar una penosa enfermedad. Cuando, ya curado, éste se lo devolvió, lo acompañó con una carta que decía: «Es imposible que nadie imagine el recreo y el placer que me ha proporcionado este bufón, él ha sido la causa de que mi larga enfermedad me pareciese más ligera». El personaje en cuestión se llamaba Matello y seguramente la enfermedad de Alfonso no tuvo nada que ver con las aficiones de su mujer, porque Lucrecia no hubiese fallado.

En el siglo XVII, los bufones empezaron a decaer en Europa Occidental; sin embargo, fue a partir de esa época cuando más auge tomaron en Rusia. Allí surgió una curiosa y refinada variedad, la de los cortesanos condenados a ejercer de bufones por haber caído en desgracia. Es difícil imaginar un castigo más humillante para un noble presuntuoso y presumido.

Algunos restos de esta entrañable institución han perdurado en Europa hasta fechas muy recientes, como lo prueba el denigrante espectáculo de las corridas de toros con matadores enanos que se celebraron en España hasta hace muy pocos años.

El humor a partir del Renacimiento

En el siglo XV, coincidiendo con el renacimiento artístico y cultural iniciado en el norte de Italia, arrecian las críticas contra la comicidad denigrante y surge el humor basado en la incongruencia refinada e inocua. Los casos más notables son el *Elogio a la locura* de Erasmo, *Pantagruel y Gargantua* de Rabelais y, sobre todo, la gran novela satírica de caballería *El Quijote*.

De esa época es también Quevedo, sin duda el primero de los grandes humoristas modernos. Veamos por ejemplo su crítica de «Un doctor en medicina que se quería casar»:

Quien os lo pintó cobarde
no lo conoce, y mintió,
que ha muerto más hombres vivos
que mató el Cid Campeador.
No se le ha muerto ninguno
de los que cura hasta hoy,
porque antes de que se mueran
los mata sin confesión.
Su mula aunque no esté muerta,
no penséis que se escapó:
que esta matada de suerte,
que le viene a ser peor.

Pero sus versos más conocidos son los del mordaz y despiadado soneto al hombre de nariz superlativa:

Érase un hombre a una nariz pegado,
érase una nariz superlativa,
érase una alquitara medio viva,
érase un pez espada mal barbado;
era un reloj de sol mal encarado,
érase un elefante boca arriba,
érase una nariz sayón y escriba,
un Ovidio Nasón mal narigado.
Érase el espolón de una galera,
érase una pirámide de Egipto,
las doce tribus de narices era;
érase un naricísimo infinito
frisón archinariz, caratulera,
sabañón garrafal, morado y frito.

La literatura inglesa tuvo, prácticamente al mismo tiempo, otro genial humorista, Jonathan Swift, que hizo vivir a su Gulliver en países de gigantes y de enanos, para poner así de manifiesto la ridiculez y la incongruencia de nuestras presunciones.

A partir del XVII surgieron tantos y tan excelentes humoristas, que resulta imposible mencionarlos a todos: Charles Dickens, Oscar Wilde, Bernard Shaw y tantos otros.

Por otra parte, el genio indiscutible del humor americano fue Mark Twain, que recorrió todo el país dando conferencias en las que, con una desbordante comicidad, desarrollaba su teoría de que el ser humano no es más que un desgraciado error de la evolución natural.

Sobre quién fue el segundo humorista americano no existe una opinión unánime, pero la mayoría considera que fue James Thurber, autor de *Mi vida y los tiempos duros* y de historias cortas como *La vida secreta de Walter Mitty*. Este autor dibujaba al hombre como a un ser inadaptado que se crea su propio mundo irreal e imaginario para escapar de las asperezas de la vida diaria. En cambio, la mujer, mucho más realista y adaptada, controla al hombre con decidida determinación.

Un movimiento literario que es obligatorio mencionar al hablar del humor es el teatro del absurdo, cuyo más conocido exponente fue Eugene Ionescu. Este escritor rumano de visión pesimista ante el mundo, creó un contramundo, con unas reglas distintas, que resulta aún más absurdo y desesperanzador que el real. Este estilo fue cultivado en España por autores como Muñoz Seca y Jardiel Poncela. Pero, a diferencia de Ionesco, estos no crearon un contramundo, sino que pusieron de manifiesto los numerosos absurdos del mundo real. Estos escritores, junto con otros como Edgar Neville y Tono, contribuyeron considerablemente a la modernización del humor español. Es decir, a sustituir el humor básicamente burlesco y despiadado por otro incongruente, intelectualizado y humano.

En la actualidad, existen en España una excelente colección de humoristas, arrolladoramente creativos, irónicos e iconoclastas, con los que probablemente sólo se puedan comparar los humoristas judeo-americanos. No hace falta mencionarlos porque están en la mente de todos, así que nos limitaremos a citar a uno que, por haber destacado en muchos otros géneros, pudiera pasar desapercibido como humorista, se trata del Premio Nobel recientemente fallecido Camilo José Cela, capaz de convertir su autobiografía, *La cucaña. La rosa*, en una de las mejores obras de humor del siglo XX.

En la «aldea global», el humor también es cada vez más global; las cosas que pueden hacer reír a un nativo de Calcuta se parecen cada vez más a las que provocarían la hilaridad en París o en Montevideo. No obstante, aún se mantienen con fuerza algunas formas de humor completamente autóctonas. Un buen ejemplo es el rakugo japonés.

En el Japón del siglo XVI las luchas entre los señores feudales eran tan encarnizadas que estos temían ser asesinados mientras dormían; de modo que disponían de unos sirvientes, llamados otogi-shu, que se encargaban de contarles anécdotas e historias cómicas para mantenerlos despiertos en sus horas de temor. A finales del XVII, los otogi-shu empezaron a contar sus historias en público para ganarse la vida. Muchos de aquellos monólogos o rakugos se han transmitido oralmente de generación en generación y, aún hoy, siguen siendo inmensamente populares.

Actualmente, podemos encontrar cientos de profesionales del rakugo que actúan en el teatro y la televisión. Se visten con un kimono de ceremonia, se sientan sobre un cojín de color púrpura y desgranan sus relatos con la ayuda de un abanico, un fuerte acento local y una abundante gesticulación facial.

Estas historias, y en general todo el humor japonés, no se pueden trasladar a otros idiomas porque se basan fundamentalmente en juegos de palabras de doble sentido. El idioma nipón se presta más que los europeos a los juegos de palabras porque muchos vocablos tienen sonidos semejantes. Pero lo más llamativo del rakugo es que siempre narran las mismas anécdotas y, a pesar de ello, siguen produciendo la hilaridad de los espectadores.

En cambio, en Occidente, la originalidad es imprescindible; nadie ríe un chiste que haya oído varias veces. Sólo sucede un fenómeno parecido con algún cómico como Gila, capaz de hacernos reír una y otra vez marcando el número de teléfono del enemigo.

El chiste popular

Nada tan breve ha producido nunca tanto regocijo y tanto alivio como el chiste popular. Es, además, un tema que plantea incógnitas apasionantes que merecerían un estudio riguroso. Nadie sabe cómo ha nacido un chiste determinado, pero es de suponer que comienza con alguna ocurrencia espontánea y, a continuación, recorre el mundo saltando de boca en boca. Durante ese recorrido se somete a una especie de evolución «darwiniana» que convierte a muchos de ellos en auténticas obras maestras. En primer lugar, sólo sobreviven los buenos, porque los malos se olvidan, y, en segundo término, los supervivientes van siendo mejorados y pulidos a lo largo de los años hasta convertirse en verdaderas joyas difíciles de igualar.

Todos los estudiosos del tema afirman que el sentido del humor difiere considerablemente entre países y grupos sociales o culturales, advirtiendo a los viajeros que sus chistes no serán apreciados por personas de otras culturas. Sin embargo, la mayoría de los chistes populares parecen ser completamente transculturales y transnacionales, con la lógica excepción de los que están basados en palabras de doble sentido. Los franceses cuentan de los belgas los mismos chistes que los argentinos de los gallegos, los brasileños de los portugueses y los españoles de los leperos. Incluso chistes que parecen estar extremadamente enraizados en una determinada cultura, aparecen en idiomas y entornos culturales diametralmente separados. Por ejemplo, el conocidísimo chiste de civiles y gitanos:

Una pareja de guardias civiles apostada al lado del camino detiene a un gitano que pasa por allí con un enorme saco de garbanzos. Al no ser capaz de justificar su propiedad, le obligan a que se los introduzca por el ano hasta vaciar el saco. Mientras se los introduce, uno a uno, le entra un incontenible ataque de risa. Al preguntarle los guardias a que viene tanta risa, les dice: —Me río de mi cuñado porque está a punto de pasar con un saco de sandías.

Es difícil imaginar un chiste más ibérico y menos propio de la cultura sajona; no obstante, el bostoniano Berger cita uno idéntico en su libro *La risa redentora*. Claro que allí no cuenta con gitanos y civiles y el primero de los protagonistas no lleva garbanzos sino plátanos.

Posiblemente, la cultura en la que los chistes populares son más numerosos es la judía. El rabino Marc-Alain Ouaknin dice en su *Biblia del Humor Judío* que el hecho que más claramente sirve para distinguir a un judío es que, cualquiera sea el chiste que se le cuente, siempre resultará que él conoce una versión mejor.

La mayoría de los chistes judíos se parecen asombrosamente a los explicados en Europa y América por personas de otras etnias; no obstante, se podría decir que sienten una especial predilección por las incongruencias dirigidas contra las reglas de la lógica, como las de los ejemplos siguientes:

El policía detiene a un conductor que parece estar borracho y le dice: —Déme usted su nombre.
A lo cual éste le contesta: —¡Claro, y luego yo cómo me llamo!

Elías no puede ocultar su pena en el entierro de la mujer de su mejor amigo, que además fue su amante secreta. Al percatarse de las lágrimas que corren por sus mejillas, su amigo viudo se acerca y le dice: —No te preocupes, lo más probable es que me vuelva a casar.

Un estudiante que comparte habitación en una posada con un rabino, le pide al dueño que le despierte muy temprano porque tiene que seguir su camino. Cuando éste lo despierta, el estudiante se viste a oscuras para no molestar al rabino y emprende su camino antes del alba. Al salir el sol, se da cuenta que va vestido de rabino y exclama: —¡Este posadero es tonto, en lugar de despertarme a mí ha despertado al rabino!

Un cura católico y un rabino viajan en el mismo departamento de un tren. El cura, que se dispone a comerse un suculento bocadillo de jamón, le dice al rabino con acento socarrón: —Tengo entendido que vosotros no podéis comer cerdo.
—Pues no —le contesta éste.
—Pues no sabéis lo que os perdéis.
—Bueno —confiesa el rabino— alguna vez he caído en la tentación y lo he probado.
Al cabo de un rato de silencio el rabino le dice al cura:—Pero más os perdéis vosotros que no podéis probar las mujeres.
—Pues sí, aunque tengo que confesar que la carne es débil y algún desliz he tenido.
Tras otro rato de silencio el rabino vuelve a la carga: —¿Y, qué te parecieron? ¿Mejor que el cerdo, verdad?

Capítulo 12

La estructura del chiste

Tragedia más tiempo igual a comedia.
GROUCHO MARX

Los tres elementos básicos del chiste

Si analizamos una película de Hitchcock, veremos que la sensación de terror la va construyendo el director poco a poco a partir de efectos que se van sumando a los anteriores, hasta lograr que el miedo nos invada. Además, una vez logrado, esa desagradable sensación de parálisis y frío en la nuca no nos abandona súbitamente, sino que se mantiene durante algún tiempo, incluso después de haber salido del cine. Por el contrario, el humor no es continuo ni duradero: los lances cómicos siempre son breves incidentes, con unidad y sentido propios, cuyo efecto muere a los pocos segundos.

A cada uno de esos efectos cómicos unitarios, sean del tipo que sean, es a lo que aquí llamaremos «chiste». Freud los define como «toda provocación consciente y hábil de la comicidad», cualquiera que sea su forma.

Veamos como deben ser los chistes para que resulten eficaces. Ya se ha comentado que para desencadenar el humor hay que combinar la asociación de ideas incongruentes con la intención burlesca. La primera es la cerilla que enciende el fuego y la segunda la leña que alimenta las llamaradas de la risa. Asimismo, se ha descrito que la forma más frecuente de construir una asociación incongruente tiene la siguiente secuencia:

- Arrancar con un planteamiento inicial dirigido a encaminar el pensamiento en una dirección engañosa. Por ejemplo:

—*Me gustaría morir durmiendo como mi abuelo.*

El cerebro, que es mucho más rápido que las palabras, se adelanta tratando de imaginar cuál será la continuación y se prepara para recibir una frase como: sufrió un ataque cardíaco del que no se enteró, no sufrió en absoluto, etc.
- Después, se da al argumento un giro ilógico e inesperado que burle la previsión del cerebro y que choque con el planteamiento inicial:

—*... y no gritando de terror como los pasajeros del autobús que conducía.*

Estos dos elementos que se han mencionado serán denominados como **planteamiento** y **giro**. Veamos otro ejemplo:

Planteamiento: —*Me han dicho que le encanta la música.*
Giro: —*Pues sí, pero no importa, puede usted seguir tocando.*

El cerebro ha sido burlado, el planteamiento inicial no le permitía prever el giro que luego iban a tomar estas historias. Hay casos en los que no es necesario comenzar por un planteamiento, porque éste ya está implícito en nuestra cultura, y basta con un «giro» que rompa con el sentido común. Por ejemplo:

—*Es la sexta vez en un mes que esa chica pierde la virginidad.*

Es muy importante que la ruptura entre el planteamiento y el giro sea a la vez brusca e inesperada. El elemento sorpresa es fundamental. Si el cambio de dirección introducido por el giro se puede prever, no habrá una auténtica incongruencia:

—Jaimito, ¿cómo es que aún no te han dado las notas?
—Ya me las han dado pero, como eran malas, se las presté a Pedrito para que le diese un susto a su padre.

Al anticipar que las notas son malas se deja entrever una parte de la información del giro, con lo cual se reduce la sorpresa. Conviene que el viraje sea más brusco e inesperado; por ejemplo:

—Jaimito, ¿no te han dado las notas?
—Sí, papá, pero se las presté a Pedrito que le quería dar un susto a su padre.

Sin embargo, para lograr un chiste eficaz no basta con una asociación incongruente; hace falta, además, que encierre una minusvaloración burlesca (tal y como planteábamos en la página 136). Todos los ejemplos anteriores la emplean en mayor o menor medida: el primero de ellos, el del abuelo muerto, se burla de los pasajeros, el segundo ataca al músico y así sucesivamente.

Una incongruencia excelente, chocante y original, puede llegar a causar admiración y placer estético, pero por si sóla nunca provocará un ataque de hilaridad. Sin embargo, un chiste mordaz que deje a alguien en evidencia puede causar torrentes de risa, aunque su incongruencia sea casi inexistente. Veamos este que se atribuye a Disraeli: «*Si el Sr. Gladstone se cayese al Támesis sería una desgracia, pero si alguien le salvase sería una calamidad*», o esta frase del presentador estadounidense J. Carson refiriéndose a una periodista: «*No sé por qué se tomó tan mal mis comentarios a favor del control de la natalidad, cuando ella misma es una prueba tan evidente de su necesidad*».

Por evidentes razones morales, esta mordacidad que debe tener el giro no debe llegar nunca a ser hiriente u ofensiva. La burla es como la sal del chiste, sin ella resultaría soso e insípido, pero no debe ser percibida a simple vista.

De este modo, debemos evitar los chistes que impliquen burlas dirigidas abiertamente contra personas o grupos concretos y por supuesto los de tintes racistas. Aunque a veces es peor, porque al no referirnos a las minorías raciales de siempre, tenemos que recurrir a gentes más próximas y, por tanto, más difíciles de detectar entre la audiencia: como la persona que cuenta un chiste de Lepe y uno de los oyentes le dice: «Oiga que yo soy de Lepe». A lo cual el otro, azorado, le contesta: «Bueno... No se preocupe, se lo repetiré».

Sin embargo, los chistes machistas, siempre que no sean de mal gusto, resultan cada vez más aceptables. Tras la caída de la milenaria dinastía masculina, las mujeres tienen con los hombres la misma condescendencia que los comisarios políticos tenían con el destronado Pu Yi, el último emperador chino, cuando éste les recordaba sus pasadas prerrogativas mientras les aseaba las dependencias. Veamos un ejemplo:

El Creador ya había creado al hombre y no mostró ninguna intención de crear a la mujer, fue Adán quien insistió. La escena transcurrió más o menos así:

Viendo que todos los animales tenían su pareja, Adán decidió pedirle una al Creador. Éste le dijo:
—Si quieres te la doy, pero te costará una costilla, un riñón, un brazo y un ojo.
Pero Adán le suplicó:
—Mira a ver qué me puedes dar por una costilla...

Luego está la conocida continuación al chiste anterior:

El Creador: —¿Te gustó la pareja que te di?
Adán: —Sí, mucho. ¿Por qué la has hecho tan bonita?
El Creador: —Para que te gustase.
Adán: —¿Y por qué la has hecho tan tonta?
El Creador: —Para que le gustases tú.

Aunque no todos los ejemplos de este libro sean una buena muestra de ello, hay infinitas posibilidades de dotar los chistes de malicia sin necesidad de recurrir al racismo, al sexismo o a las burlas hirientes y de mal gusto.

En resumen, el chiste debe tener dos partes, el planteamiento y el giro, que resulten incongruentes entre sí y, por otra parte, un menosprecio dirigido a una persona o grupo que, por razones morales, debe ser tan inocuo como sea posible, a lo que llamaremos burla inocua.

    Incongruencia
\+ Burla o minusvaloración
    CHISTE EFICAZ

A continuación, veremos los procedimientos más utilizados para construir incongruencias.

Técnicas para construir asociaciones incongruentes

Los artificios más empleados para la construcción de asociaciones incongruentes son:

- El doble sentido
- La literalización
- La inversión
- El contraste
- La exageración
- La ironía

La más frecuente de todas ellas es la primera, el **doble sentido**. Consiste en hacer un planteamiento que emplee una palabra de doble significado y, después, aprovechar ese doble sentido para darle un giro cómico a la situación. Por ejemplo:

Planteamiento: —*Te vendo un caballo.*
Giro: —*¿Y para qué quiero yo un caballo vendado?*

Planteamiento: —*Yo he cazado elefantes en pijama.*
Giro: —*Lo que nunca sabré es qué hacían en pijama.*
Groucho Marx.

—*¿Tu mujer te excita?*
—*¿Que si me excita? ¡Me pone a cien!*

Un hombre entró en la tienda y dijo: —*Déme usted una barra de pan y si tiene huevos una docena.*
Salió con 12 barras y los ojos morados.

El Edelmiro se fue la semana pasada a jugar al polo. Todavía ha llegado.

Es muy frecuente que no se trate exactamente de palabras de doble sentido, sino de aprovechar la similitud de sonidos e incluso de inventar nuevas palabras, como sucede en los siguientes ejemplos:

Más vale prevenir que currar.

Un incunable es un niño que no se quiere acostar.
NICOLÁS DE LAURENTIS

—*Oiga, ¿está usted empadronado?*
—*No, es mi carácter.*

Todos los ejemplos anteriores utilizan una sóla palabra con doble sentido. Sin embargo, aunque son menos frecuentes, algunos chistes emplean expresiones formadas por varias palabras o incluso por frases completas.

Redacción en la escuela sobre el tema: «Mamá sólo hay una»:
Redacción de María: «El sábado estuve a un punto de morirme a causa de una enorme herida que me hice en un dedo del pie. Cuando ya había perdido todas las esperanzas de sobrevivir, llegó mi mamá y me puso mercromina. Entonces comprendí que mamá sólo hay una».
Redacción de Javier: «Cuando el viernes le entregué las notas a mi papá, se enfadó y me dijo que me va echar de casa, pero entonces llegó mi mamá y le convenció para que no lo hiciese y es que mamá sólo hay una».
Redacción de Jaimito: «Mi mamá estaba en casa jugando al mus con sus amigas y me dijo:—*¡Jaimito véte a la nevera y nos traes cuatro cervezas! Y yo fui, abrí la nevera y grite:*—*¡Mamá, sólo hay una!».*

La mayoría de los golpes espontáneos de ingenio se basan precisamente en esta técnica del doble sentido: alguien emplea en la

145

conversación una palabra con más de un significado y otra persona aprovecha ese hecho para conducirla por otros derroteros. Por ejemplo:

> *Después de la guerra de los seis días, Nixon le propuso a Golda Meier cambiarle al victorioso General Moshé Dayan por tres generales americanos. Ésta le contestó:* —*Nos basta con dos: General Motors y General Electric.*

Hay ocasiones en que los chistes basados en el doble sentido resultan demasiado inmediatos y fáciles de construir, incluso se han desarrollado programas de ordenador capaces de «inventar» automáticamente ciertos casos elementales. Esto ha llevado a algunos a considerar el doble sentido como un género menor; pero este nombre engloba tipos muy distintos, que Freud llegó a clasificar en 3 tipos y 11 subtipos, y la mayoría de ellos están muy lejos de ser un género menor.

De hecho, algunos de los mejores chistes populares de todos los tiempos están basados en el doble sentido. Veamos sino los siguientes ejemplos:

> *Conversación entre dos animales que se encuentran en el campo:*
> —*¿Qué clase de animal eres tú?*
> —*Yo soy un perro lobo, mi padre era un perro y mi madre una loba. ¿Y tú qué eres?*
> —*Yo soy un oso hormiguero.*
> —*¡Anda ya!*

> *Un día en las Cortes, Camilo José Cela no pudo contener una cabezada y el presidente le llamó la atención:*
> —*Su señoría se está durmiendo.*
> —*Perdone su señoría pero no es verdad que me esté durmiendo, estoy dormido, que es distinto.*
> —*No veo la diferencia entre estar dormido y estar durmiendo.*
> —*Pues la misma que entre estar jodido y estar jodiendo.*

El segundo de los mecanismos citados para la formación de incongruencias es el de la **literalización**, que algunos consideran un caso particular del doble sentido. Consiste en tomarse lo que se dice al pie de la letra. Por ejemplo:

Durante una cena en el palacio real, Alfonso XIII, al ver que Maura miraba hacia una bandeja de plata repleta de perdices, ordenó:
—Que le den aquella bandeja a don Antonio. Éste al oírlo replicó:
—Gracias majestad. ¿Las perdices también son para mí?

Un empleado le dice a su jefe:
—Me voy a ir al médico porque tengo una terrible depresión.
—Pues yo que tú haría lo mismo que hago yo en esos casos —le responde el jefe—. Me voy a mi casa y me acuesto con mi mujer. Me da un resultado buenísimo.
Al día siguiente, el jefe se acerca al empleado y le pregunta:
—¿Qué, me hiciste caso?
—Pues sí; por cierto, tiene usted una mujer encantadora.

Las estadísticas son una fuente inagotable de golpes de ingenio basados en la literalización, valgan los siguientes ejemplos:

—Cada 2,5 minutos un hombre es atropellado en las calles de Madrid.
—¡Cómo debe estar ya el pobre!

Dos amigas que se encuentran:
—¿Ya has dado a luz? ¿Qué ha sido?
—He tenido mellizos y el médico dice que eso sólo sucede una vez en un millón...
—¡María! —exclama la amiga—. ¿Pero cuándo trabaja tu marido?

Otra de las técnicas para la formación de incongruencias es la **inversión** que consiste en dar la vuelta a la situación, generalmente, para sacar alguna ventaja. Por ejemplo:

—Se acostará usted temprano y se levantará con la aurora.
—Oiga, ¿no podría ser al revés?
Tip y Top

La inversión genera la incongruencia y la ventaja, que queda muy clara en el anterior ejemplo, introduce la necesaria mordacidad. Veamos otros casos:

—Cojan estas palas y a cavar una trinchera.
—¿Y para qué mi sargento?
—¿Cómo que para qué? ¡Por si nos ataca el enemigo!
—¿Y por qué no atacamos nosotros y que caven ellos?

—¿Ah, es usted? Me lo imaginaba distinto.
—¿Cómo? ¿Bajito y feo?
—No, alto y guapo.

Después de asaltar un poblado, el comandante ordena a la tropa: —Fusilen a las mujeres y violen a los hombres.
Uno de los soldados le corrige: —Mi comandante, lo ha dicho al revés.
Otro de ellos, protesta enfurecidamente: —Tú te callas, que aquí manda el comandante.

También hay casos de inversión que no consisten en darle la vuelta al planteamiento inicial, sino en arrancar de entrada con situaciones contrarias a lo común. Por ejemplo:

Un conejo de laboratorio se encuentra en la misma jaula con un viejo conocido.
—¿Qué tal te va la vida? —*le pregunta el conocido.*
—Estupendamente —*contesta el conejo.*— ¿Ves a ese humano que hay fuera? Pues lo tengo completamente condicionado, cada vez que aprieto este botón me da de comer.

Otrà de las técnicas para la formación de incongruencias es el **contraste**. Si después de mencionar alguna circunstancia grave o importante se añade otra completamente irrelevante, lograremos un efecto incongruente por puro contraste.

Veamos unos ejemplos:

Shakespeare ha muerto, Freud ha muerto, Dios ha muerto... y yo tampoco me siento muy bien.
WOODY ALLEN

¿Cree usted que en caso de ataque nuclear, las ondas electromagnéticas podían llegar a dañar mis cintas de vídeo?

Comentario de un reo camino del cadalso a la salida del sol:
—¡Vaya forma de empezar el día!

Una variante del contraste consiste en «ponerlo aún peor». Por ejemplo:

Va con la casamentera a conocer a la novia que ésta le ha buscado y, en un momento en que los dejan solos, aprovecha para quejarse:
—¿A que se refería usted cuando me dijo que sólo tenía un pequeño defecto? Si resulta que es fea, torpe y bizca.
—El pequeño defecto no vuelve de la escuela hasta las 6 de la tarde.

Por su parte, la **exageración** es muy utilizada por algunos cómicos, aunque sólo resulta eficaz cuando se emplean términos originales y disparatados. Veamos unos ejemplos:

Salta más que una pulga con hipo.

Es tan lento que, corriendo en solitario, sólo consigue llegar el segundo.

Es tan lento que se le escapan los caracoles.

Es tan gafe que si se sienta en un pajar se clava la aguja.

Sin embargo, la exageración resulta también eficaz cuando se emplea como una burla inesperada. En este caso, consiste en darle al tema un giro completamente insólito que, además, constituya una burla. Es, por ejemplo, el caso de chistes siguientes:

Dice un miembro del Partido Laborista del Parlamento británico: —Con el programa de reducción de gastos hospitalarios que ustedes proponen, ¿quedarían cubiertas operaciones como la vasectomía que me acabo de hacer?
Responde un parlamentario conservador, J. Hayes: —No sabía que en ese hospital hiciesen operaciones de microcirugía.

Un periodista europeo pregunta:
—¿Qué piensa de la civilización occidental?
Responde Gandhi: —No sería mala idea.

El paciente se sorprende de que el médico le recete un laxante para la tos.
—Doctor, ¿está usted seguro de que este laxante me va a quitar la tos?
—No se preocupe, estoy seguro de que no se atreverá a toser.

La última de las técnicas para construir incongruencias es la **ironía**, que consiste en decir algo de forma tal que su sentido resulte opuesto, o al menos distinto, al significado literal de las palabras. Por ejemplo, cuando le decimos a alguien que ha fallado en algo: «¡Te has lucido!», estamos ironizando pues lo que realmente queremos decir es justamente lo contrario.

En la ironía existe, por tanto, una incongruencia entre lo que parece que se dice y lo que en realidad se está diciendo, que es lo que produce el efecto cómico.

El efecto se ve reforzado por el hecho de que el segundo significado siempre encierra un ataque.

Veamos algunos ejemplos:

Con lo que nos sobra en el primer mundo podrían vivir en el segundo y en el tercero, pero como se empeñan en no pagarlo, tenemos que tirarlo todo.
MINGOTE

Como soy demócrata, creo que todos los marqueses somos iguales y tenemos los mismos derechos.
PERICH

Los niños pobres tenemos la suerte de ir al cielo mucho antes que los ricos.
CHUMI CHUMEZ

*El hombre es el único animal que **puede** ser racional.*
PERICH

Algunos consideran la ironía como una especie de forma noble y refinada del humor, pero en principio no tiene por qué ser mejor que cualquiera de las restantes técnicas o formas retóricas utilizadas para construir incongruencias.

Hay aún otro grupo de técnicas, que podríamos llamar «géneros», que no nos ayudan directamente a construir chistes, pero sí a crear unas circunstancias propicias a la aparición de abundantes situaciones incongruentes. Por ejemplo, Jonathan Swift conduce a Gulliver a países de enanos y de gigantes porque así, en unos mundos chocantes, se le presentan numerosas oportunidades para las incongruencias cómicas. La marquesa viuda de Sotoancho se niega a que su hijo haga la mili fuera de casa y consigue que el ejército envíe un sargento al cortijo para enseñarle la instrucción. Al ir desarrollando esa situación, Usia consigue numerosas asociaciones incongruentes llenas de comicidad.

En el grupo de estos «géneros» se encuentran los diccionarios de términos inventados. El mejor de nuestra lengua es *El Diccionario* de Coll, que contiene casi dos millares de palabras llenas de ingenio y comicidad. Mostramos algunos ejemplos:

> **Fusilámine**: *Corto, tímido, apocado a la hora de ser pasado por las armas.*
> **Llamear**: *Echar llamas al orinar.*
> **Acagose**: *Final violento o trágico después de una abundante o desordenada comida.*
> **¡Ningüino!**: *Exclamación de cazador de pingüinos cuando llega y no encuentra ninguno.*

Otro de estos géneros, muy en boga en internet son las listas como las que siguen:

Cosas para entretenerse en el ascensor:
- *Hacer ruidos de coche mientras arranca y se detiene.*
- *Sonarse la nariz y ofrecer a los demás pasajeros mostrándoles el contenido.*
- *Haga «miau» discretamente y mire la reacción de todos.*
- *Apuésteles a los pasajeros a que se puede meter una moneda en la nariz.*
- (...)

Síntomas de adicción a la bebida:
- *El trabajo interfiere con su bebida.*
- *El doctor ha encontrado rastros de sangre en su torrente alcohólico.*
- *Dos manos y una sóla boca, ése es el problema de la bebida.*
- *Puede enfocar mejor con un ojo cerrado.*
- *¿Por qué pensará todo el mundo que tiene un problema con la bebida, cuando el único problema que tiene es la falta de tiempo para beber todo lo que quisiera?*
- (...)

Ofertas de intercambio:
- *Cambio mujer de 60 por 2 de 30.*
- *Cambio suegra en buen estado por cualquier otra cosa.*
- *Cambio moto chocada por silla de ruedas.*
- *Cambio precioso perro doberman por mano ortopédica.*
- *Se ruega a los padres del niño que le cambió a mi hijo una manzana por una bicicleta, que hagan el favor de devolverme la bicicleta.*
- (...)

Otros elementos para construir chistes

Además del planteamiento, el giro y la mordacidad hay otros elementos que no son imprescindibles para la comicidad del chiste, pero que le dan fuerza y frescura. Estos elementos o características son:

- La originalidad
- La economía
- La sutileza
- La magnificación
- La pertinencia
- La caricaturización

La **originalidad** contribuye a lograr una auténtica incongruencia, ya que si el chiste tiene un planteamiento muy corriente es difícil que logre burlar las previsiones del cerebro. No obstante, no conviene obsesionarse con la búsqueda de la originalidad porque eso conduce, a menudo, a la fealdad y al esperpento.

La **economía** se refiere al uso de las palabras. Polonio, uno de los personajes de *Hamlet*, dice que «la brevedad es el alma del gracioso ingenio» y Baltasar Gracián asegura que «lo breve si bueno dos veces bueno» o, en versión de Chumi Chumez, «lo bre si bue dos ve bue».

Lo mínimo en materia de incongruencias es lo que los ingleses llaman *oxymorons*. Se trata de expresiones formadas por dos palabras que se contradicen entre sí. Por ejemplo: «copia original», «ciencia ficción», «secreto a voces», «orden aleatorio», «guerra santa», «servicio postal», «inteligencia militar», «ética política», etc. En castellano no tenemos un término equivalente, pero tenemos el orgullo de haber contado con el más genial de los «oxymoronistas», Millán Astray, fundador de la legión y autor del lema profundamente irónico y de una incongruencia superlativa: «Viva la Muerte».

Pero no se trata de que el chiste corto sea necesariamente mejor que el largo, sino de evitar los elementos que resulten superfluos o añadan poco valor. El siguiente ejemplo pertenece al segundo volumen de la excelente recopilación de chistes de Machado Gerreiro:

Un joven padre empuja el cochecito de su hijo por una de las calles del parque. El niño llora desaforadamente, grita y gesticula con brazos y piernas. Pero el padre sigue lento y tranquilo, y en voz baja dice de cuando en cuando:
—Calma, Bernardo. Bernardo, cálmate.
Un psiquiatra que pasaba por allí se detuvo a contemplar la escena y, lleno de admiración, se acerca al padre y le dice:
—Permítame que le felicite, amigo. Domina usted excelentemente sus nervios. Le debiera imitar todo el mundo.
Después, indicando hacia el pequeño rebelde, dice:
—Se llama Bernardo, ¿no es así?
—No señor —responde el padre—. Bernardo soy yo.

Este mismo chiste rsulta más fresco y elegante si se resume de la siguiente forma:

Un padre viaja con su hijo pequeño en el tren. El niño llora como un energúmeno y el padre repite constantemente:
—Tranquilo, Bernardo, cálmate.
Ante el poco éxito del padre, uno de los pasajeros decide intervenir y le dice al niño:
—Bernardo, hazle caso a tu padre, cálmate.
—No, si Bernardo soy yo —le dice el padre.

Una de las características del chiste que más llamó la atención de Freud es precisamente su capacidad para transmitir mensajes muy complejos con un considerable ahorro de palabras e, incluso, de desgaste emocional.

Un ejemplo podría ser el siguiente:

Un noble terrateniente se encuentra, durante una visita a una de sus fincas, con un campesino que se le parece extraordinariamente y le pregunta: —¿Su madre sirvió en palacio, verdad?
Y éste le responde: —No excelencia, fue mi padre.

Con sólo cinco palabras, el campesino ha logrado defender el honor ultrajado de su madre y, a la vez, devolver el insulto. Además, el chiste le ha permitido enfrentarse sin demasiado riesgo a su amo, cosa que difícilmente hubiese podido hacer de otra manera.

Carandel cuenta en *Anécdotas de la Política* este caso que, como el chiste anterior, refleja la posibilidad que nos abre el humor para atacar personas o instituciones que, por otras vías, son intocables:

Carlos IV de Francia era un cazador tan empedernido que incluso daba caza a los animales domésticos y, un día, acuchilló y mató a un mulo del señor de Laussac. Éste, que no podía reprobar abiertamente la conducta regia, le dijo al monarca: —Lo que no comprendo, Sire, es qué diferencias podía haber entre vuestra majestad y mi mulo.

La tercera de las cualidades citadas anteriormente, la **sutileza**, se refiere a la conveniencia de «insinuar», en lugar de decir de forma clara y directa. Esta característica, que a veces se mezcla con la economía, es especialmente útil y conveniente cuando el relato toca temas escabrosos.

Veamos los siguientes ejemplos:

—¿Cuántos hijos tiene Ud.?
—Doce.
—¡Doce! ¿Y todos con la misma?
—Sí, con la misma. Pero con distintas mujeres.

La «misma» es una sutileza, igual que los ejemplos siguientes:

Una niña mira por la cerradura de la habitación de sus padres y después exclama: —¡Qué barbaridad, y luego me quieren llevar a mí al psicólogo porque me chupo el dedo!

La mujer al amante: —¡Ala, qué rápido!
El amante a la mujer: —¡Ah, haberte fijado!

O en versión japonesa:

El japonés termina con aplomo y decisión: —¡Ya ta!
La japonesa: —¿Ya ta...?

No todos los cómicos parecen estar de acuerdo con el principio de la sutileza. Hay muchos que, por el contrario, prefieren las palabras gruesas y procaces, pero afortunadamente forman parte de una especie en vías de extinción.

Hace unos años, el utilizar en público términos soeces producía en los oyentes un efecto de incongruencia, porque no era lo esperado y, además, constituían una especie de burla al sistema, que entonces se llamaba «régimen». Sin embargo, actualmente podemos afirmar que estas expresiones de mal gusto ya no sorprenden a nadie y, por lo tanto, cada vez resultan menos cómicas.

Otro de los factores mencionados, la **magnificación**, hace referencia al hecho de que la comicidad de los chistes aumenta con la magnitud de la historia. Por ejemplo: la rotura del esternón y siete costillas produce más risa que la de un simple dedo; y un resbalón del rey más que la de su jefe de protocolo.

Conviene, por tanto, magnificar el chiste, exagerando sus consecuencias o involucrando personajes de alto rango:

Dos vampiros en una isla desierta sufren enormemente por la falta de víctimas. Desesperado, uno de ellos sale a dar un paseo. Al momento vuelve con la boca rezumando sangre. Al otro se le saltan los ojos de envidia:
—Cuéntame, cuéntame —le suplica.
—¿Ves aquella palmera? —contesta el aludido.
—Claro.
—Pues yo no la vi.

Este chiste perdería buena parte de su gracia si el vampiro hubiese vuelto con un simple rasguño. Lo mismo sucedería en el ejemplo que sigue si el médico se limitase a una simple recriminación:

Era un niño tan feo, tan feo que, cuando nació, el médico en lugar de dar una palmadita al niño le arreó una bofetada a la madre.
PERICH

Los dibujos animados son un buen ejemplo de magnificación. Los protagonistas nunca tienen pequeños accidentes. Cuando el popular gato de las series de este tipo tropieza y cae lo hace aparatosamente y, después de rodar varios cientos de escalones girando como una batidora, se desliza a velocidad supersónica hasta la pared, abre con su cabeza un limpio agujero y termina por enfilar horrorizado la puerta de la caseta de un perro enfurecido.

Pero también la magnificación tiene un límite: los disparatados accidentes de los dibujos animados nunca tienen consecuencias sangrientas o fatales, porque la comicidad desaparece cuando la tragedia resulta demasiado verosímil.

Por su parte, la **pertinencia** se refiere a que el chiste esté relacionado con el asunto tratado. Si queremos utilizar un chiste para reforzar un mensaje durante una reunión de trabajo, o simplemente para amenizarla, es evidente que debe estar ligado al tema. Como ya se verá más adelante, la mayoría de los chistes son muy maleables y se pueden adaptar a circunstancias muy distintas.

Una variante de la pertinencia que debemos tener en cuenta es que el chiste haga referencia a personas o hechos próximos. Un chiste sobre australianos tendrá más efecto si se cuenta sobre franceses o catalanes. Por ejemplo:

—¿Es verdad que Castro colecciona todos los chistes que cuentan sobre él?
—Sí, y a los que los cuentan también.

Si este chiste lo contásemos de Stalin, como en su versión original, perdería buena parte de su gracia.

Veamos otro ejemplo:

—*¿Cómo se sabe que hay un mafioso en la pelea de gallos?*
—*Porque gana el pato.*

Este chiste resulta demasiado lejano: su comicidad mejoraría mucho si en lugar de referirnos a un mafioso, en abstracto, lo contásemos sobre alguno conocido, que ejemplos no nos van a faltar.

Por último, la **caricaturización**, también conocida como la teoría de las características diferenciales, nos muestra que, siempre que el caso se preste a ello, conviene emplear los giros o acentos propios de las personas o grupos étnicos a los que el chiste haga referencia.

Capítulo 13

Humor y creatividad

*Cuando la gente está de acuerdo conmigo
siempre siento que debo estar equivocado.*
OSCAR WILDE

A continuación, analizaremos las características principales del pensamiento creativo, ya que es la base de todos los tipos de creatividad, incluida la humorística.

Pero para entender mejor su intrincado sendero explicaremos brevemente cómo funciona nuestro cerebro.

Un ordenador prodigioso

Del cuerpo humano ya lo sabemos casi todo, pero del cerebro aún no sabemos casi nada. El problema para llegar a entender su funcionamiento reside en su abrumadora complejidad: tiene cerca de doscientos mil millones de neuronas. Para que nos hagamos una idea: si cada habitante de la Tierra fuese una neurona, harían falta otros treinta planetas idénticos para igualar ese número. Además, cada una de las neuronas está conectada a las demás por miles de filamentos dentríticos. Pudieran tener razón quienes dicen que si el cerebro fuese tan simple como para que lo pudiésemos entender, seríamos demasiado simples para poder entenderlo.

Afortunadamente, no necesitamos dominar toda esa complejidad para entender los principios básicos del pensamiento creativo, nos basta con unos cuantos conceptos sencillos sobre el inconsciente, que es el nivel de la mente en el que se gesta este tipo de pensamiento.

Dos son los niveles de actividad cerebral: el **consciente** y el **inconsciente**.

El primero lo forman aquellos pensamientos que podemos «ver» al tratar de escudriñar nuestra propia mente. En cambio, el inconsciente engloba todas las actividades mentales que quedan ocultas a nuestra introspección.

La suma de varios números con la ayuda de una calculadora es un pensamiento consciente; lo hacemos paso a paso y sabiendo en cada momento lo que estamos haciendo. En cambio, el cálculo del golpe que debemos dar a una pelota de tenis para colocarla en el punto adecuado del campo contrario es un pensamiento inconsciente. Este problema es tan extraordinariamente complejo que no sabríamos resolverlo de forma consciente, ni siquiera con la ayuda de un ordenador. Pero como este cálculo ha sido realizado por el cerebro inconsciente y, por tanto, lejos de nuestra mirada, nos parece que no nos ha requerido ningún esfuerzo.

El pensamiento inconsciente es tan distinto al consciente que, para evitar interpretaciones erróneas, sería mejor no llamarle pensamiento; sólo los que trabajan en el desarrollo de la inteligencia artificial utilizando programas neuronales tienen una vaga idea de su naturaleza. Discurre de forma completamente subterránea y cuando sus resultados afloran al nivel consciente, lo que no siempre sucede, los solemos llamar «inspiraciones» o «intuiciones».

En la mayoría de las actividades mentales intervienen ambos tipos de pensamiento, pero en unas predomina el consciente y en otras el inconsciente. Las primeras se suelen denominar «ciencias» y las segundas «artes» o «habilidades». Lo que importa resaltar aquí es que cada una de ellas requiere un proceso de aprendizaje distinto: las ciencias exigen más teoría que práctica y las artes más práctica que teoría. Para sumar basta con dominar la teoría, pero para jugar al tenis lo fundamental son las horas de entrenamiento.

Una característica del inconsciente que resulta vital para entender la creatividad es su pasión por la velocidad. Para entender el origen de esta pasión tenemos que remontarnos casi hasta la época de los dinosaurios.

En aquellos tiempos, el cerebro de nuestros antecesores no era más que una especie de terminación bulbosa de la espina dorsal, que algunos llaman «cerebro antiguo». Servía para controlar todas las decisiones de aquellos seres cuya capacidad mental era parecida a la de un lagarto. Pero hace unos veinticinco millones de años surgió el invento más trascendental y revolucionario de toda la historia de la humanidad: una especie de corteza arrugada, conocida como neocortex o «cerebro nuevo», que empezó a recubrir el «cerebro antiguo» de los mamíferos.

Como muchas de las innovaciones de aquella época, su propósito era el de servir como arma defensiva. Algo parecido a una ampliación de memoria que sus afortunados poseedores fueron aprendiendo a utilizar, por ejemplo, para averiguar los puntos débiles de sus depredadores o para decidir el momento adecuado para llevar a cabo el ataque.

Al principio, aquella arma no debió impresionar demasiado a sus enemigos, que se sentían protegidos por sus poderosas fauces, pero estaban muy equivocados: con el paso del tiempo sería la responsable de eliminar de la faz del planeta a especies enteras.

Al igual que sucede en la actualidad al escribir programas de inteligencia artificial, la evolución natural se encontró que para diseñar el programa de funcionamiento del neocortex debía elegir entre dos alternativas. Es decir, cuando uno de los mamíferos era atacado por otro animal, tenía dos caminos:

- Listar mentalmente todas las posibilidades de defensa (echar a correr, subirse al árbol más próximo, hacerle frente, etc.) para después elegir la mejor.
- O adoptar la primera solución válida que se le pasase por la mente, aunque no fuese la mejor, y olvidarse de las demás.

Los numerosos depredadores de aquellos «humanos» seguro que hubiesen preferido la primera de las alternativas, ya que así éstos quedaban a su merced mientras se entretenían en comparar alternativas.

Pero la evolución se puso del lado de los mamíferos y optó por situar la velocidad de respuesta por encima de cualquier otra consideración. Esto supuso diseñar la corteza cerebral para que pudiese funcionar según la última de las dos posibilidades anteriores.

Como veremos después, esta decisión ha sido perniciosa para la creatividad, porque la estrategia adoptada lleva al cerebro a precipitarse hacia la primera de las soluciones y a ignorar todas las demás.

Además, para encaminar sus pasos aún más rápidamente hacia la primera solución válida, el inconsciente emplea multitud de «pistas» aprendidas en experiencias pasadas. Por ejemplo, si recuerda que subirse a un árbol le ha dado buenos resultados, lo hará sin dudarlo y sin quebrarse la cabeza pensando que pudiera haber alternativas mejores.

Estas «pistas» que tienden a llevar el pensamiento por caminos trillados y, por tanto, poco originales, son lo que los expertos en creatividad llaman «bloqueos mentales».

A pesar de haber sido diseñado para dar respuestas muy rápidas, la reacción del neocortex aún resultaba más lenta que la del «cerebro antiguo». Cuando un extraño se acercaba demasiado a un animal sin neocortex, éste reaccionaba inmediatamente atacando o huyendo; en cambio, los nuevos mamíferos se detenían a pensar si se aproximaba con buenas o malas intenciones, con lo cual perdían unos segundos que podían resultar vitales. Por ello, la evolución quiso que siguiese siendo el cerebro antiguo el que tomase el control en todas aquellas circunstancias que requiriesen una solución urgente.

Cuando nos invaden emociones como la cólera o el miedo, tomamos decisiones apresuradas y faltas de lógica que no proceden del neocortex, sino del cerebro antiguo. Esta parte del cerebro dispone además de una pequeña glándula, llamada «amígdala», encargada de segregar unas hormonas que preparan el organismo para la acción y que constituyen la base bioquímica de las «emociones».

Uno de los mayores dramas de nuestra especie consiste precisamente en que, a pesar de disponer de un sofisticado y razonable neocortex, muchas de las decisiones diarias las sigue tomando el emotivo y animal cerebro antiguo.

Tenemos un neocortex capaz de diseñar ordenadores, naves espaciales o bombas nucleares y, sin embargo, seguimos utilizando un sistema emocional heredado de los reptiles.

La «inteligencia emocional», tan de moda desde hace unos años, consiste precisamente en la habilidad para reconocer y manejar, en nosotros mismos y en los demás, esas circunstancias en las que estamos controlados por ese primitivo cerebro animal que todos llevamos dentro.

Lógica y creatividad

La siguiente figura muestra cuatro trozos de cadena de plata que queremos unir para formar una pulsera cerrada. El joyero nos cobra 1,5 euros por cada eslabón que tenga que abrir y volver a soldar. ¿Cuánto le tendremos que pagar?

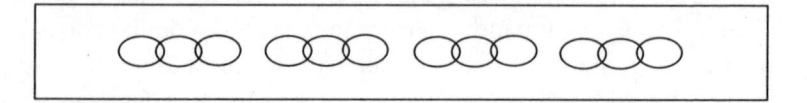

Si tu respuesta es 6 euros es una respuesta lógica. Si intentas repasar el proceso mental que te llevó hasta ella, verás que lo puedes hacer sin dificultad.

El problema de la pulsera tiene otra solución mejor que la anterior: 4,5 euros. Pero para encontrarla tendrás que utilizar la creatividad. Al hacerlo, comprobarás que podemos buscar sin éxito las soluciones creativas durante minutos, horas, e incluso días y luego, cuando menos lo esperamos, acuden «de golpe» a la mente, como cuando Arquímedes salió de la bañera gritando su ya famoso «¡eureka!». Esto se debe a que el pensamiento creativo se desarrolla en las profundidades del inconsciente, completamente oculto a nuestras miradas. Sólo vemos los resultados.

La lógica es clara y transparente: en todo momento sabemos lo que estamos haciendo y el camino que nos queda por recorrer para llegar a la solución. En cambio, con la creatividad nunca sabemos cuándo ni cómo vamos a dar con la idea; ni siquiera tenemos la certeza de que vayamos a encontrar una.

Pero es a esta oscura e impredecible facultad del cerebro a la que debemos el éxito de la especie humana. Es la que está detrás de cada invento y de cada paso adelante, la que nos ha permitido salir de las cavernas y dominar el planeta y la que nos llevará —en poco tiempo— a mundos imposibles de imaginar.

La lógica, por su parte, es rápida y predecible, pero nos lleva, una y otra vez, por los mismos caminos de siempre.

El mito de las técnicas de creatividad

Algunos inventos como el arco y las flechas, que es el más antiguo de los sistemas mecánicos, ya tienen varios milenios de existencia; sin embargo, la ciencia de la creatividad sólo tiene medio siglo de vida. En el año 1950 esta ciencia estaba tan olvidada que la American Psychological Assotiation se sintió obligada a lanzar una voz de alarma. Pero, desde entonces, la situación ha dado un vuelco asombroso: no sólo se han desarrollado numerosas técnicas para despertar el pensamiento creativo sino que algunas de ellas, especialmente las dos que se describen a continuación, han llegado a ser tan populares que ya forman parte de la cultura popular.

Edward De Bono, el divulgador del pensamiento lateral, dice que el cerebro avanza en línea recta hacia el lugar donde presiente que va a encontrar una idea válida; pero en ese camino se encuentra muy a menudo con bloqueos que no le dejan seguir avanzando.

Para sortear esos «bloqueos mentales», De Bono aconseja abandonar el camino recto y hacer que el pensamiento tome caminos «laterales».

La forma práctica de aplicar esta técnica consiste en **enfocar el problema desde otros ángulos que sean poco habituales** o incluso intencionadamente extravagantes, para tratar así de soslayar los bloqueos mentales.

Por ejemplo: supongamos que vamos a ir a una fiesta de carnaval y no se nos ocurre ningún disfraz original para ponernos. Una forma de desbloquear la situación es la de coger un periódico o un libro y elegir una palabra al azar. A continuación, hay que dedicarle unos minutos a ver qué disfraz nos sugiere esa palabra. Si no nos sugiere nada, pasamos a otra.

Pero el verdadero pionero de las técnicas de creatividad fue un agente de publicidad llamado Alex Osborn, el inventor del **«brainstorming»** (literalmente, tormenta cerebral).

En la década de 1940, los creativos de su agencia se reunían en grupo para buscar ideas para diseñar los anuncios y las campañas publicitarias. Osborn observó que algunos de ellos sólo se dedicaban a criticar las ideas de los demás; con lo cual muchos se retraían y dejaban de aportar nuevas soluciones. Para evitarlo, compró una campanilla que hacía sonar estrepitosamente cada vez que alguien lanzaba una crítica. La campanilla multiplicó el número de ideas; no todas eran buenas, pero al final de la sesión había muchas entre las que elegir.

Estas observaciones lo llevaron a escribir *Applied Imagination* què, además de sentar las reglas del «brainstorming», ya contenía los principios que luego sirvieron de base a la mayoría de las técnicas de creatividad desarrolladas en los años siguientes. Estos principios son los siguientes:

- **Principio del pensamiento lateral:** Durante la búsqueda de soluciones creativas conviene barajar ideas disparatadas y extravagantes, pues éstas ayudan a burlar los bloqueos mentales.
- **Principio del juicio diferido:** La sesión de trabajo se debe dividir en dos partes: en la primera se prohibe que nadie critique o comente las ideas expuestas por los demás y, en la segunda, se procede a la selección de las ideas válidas.
- **Principio de la fertilización cruzada:** Es muy aconsejable partir de las ideas de los demás, mejor aún si son disparatadas, para combinarlas o darles la vuelta y así llegar a otras nuevas.

El desarrollo de una sesión de «brainstorming» es muy sencillo y no necesita ningún entrenamiento previo. Se reúne al grupo de trabajo y se le plantea el problema a resolver. Todas las ideas expuestas se van anotando en una pizarra para que estén permanentemente a la vista de los asistentes. Se favorecen las propuestas descabelladas porque, según el principio de la fertilización cruzada, pueden servir para desencadenar ideas prácticas en otros miembros del grupo. El moderador se encarga de evitar las críticas e incluso los simples comentarios. La selección de las ideas válidas se hace en una reunión posterior.

Estas técnicas de creatividad recibieron la aprobación inmediata y entusiasta tanto de psicólogos y pedagogos como de empresas. El problema surgió cuando Dunette, Bouchard, Eliseo, Berry y otros muchos psicólogos trataron de verificar su eficacia mediante pruebas empíricas. Para ello, pusieron a grupos de estudiantes a buscar soluciones creativas utilizando las técnicas anteriores y, como es habitual en estos casos, grupos de contraste que trabajaban sobre los mismos problemas sin utilizar técnica alguna. El resultado fue decepcionante, los grupos de contraste siempre lograban mejores resultados.

A la vista de estos datos, la mayoría de los investigadores mantienen actualmente posturas parecidas a la de Weisberg, quien (en su libro *Creatividad, el genio y otros mitos*) afirma que «la teoría de la creatividad está todavía por elaborar» y que «las técnicas desarrolladas hasta la fecha son de muy poca ayuda y en muchos casos hasta contraproducentes».

La más reciente y moderna práctica para hacer aflorar la creatividad, la de pensar con el hemisferio cerebral derecho, también carece de bases suficientes. Es cierto que hay una mayor intervención del hemisferio izquierdo en el pensamiento lógico y del derecho en el pensamiento creativo, pero las recetas ofrecidas para el uso selectivo del hemisferio derecho suelen ser inoperantes, cuando no descabelladas.

Algunos de los conceptos derivados del «brainstorming» y del pensamiento lateral han alcanzado tal popularidad que ya forman parte de nuestras convicciones culturales, a pesar de que varios de ellos son completamente falsos.

Por ejemplo, está muy extendida la opinión de que para ser creativos es mejor saber poco acerca del tema a tratar. Si esto fuese cierto, los inventores serían adolescentes inexpertos y habría anuncios en los periódicos buscando ignorantes para trabajar en los centros de investigación.

Cuanto más se sepa y más datos se tengan, más material habrá para encontrar nuevas asociaciones y mayores serán, por tanto, las posibilidades de encontrar soluciones creativas; de hecho, todos los creadores tienen un amplio conocimiento de su campo de especialidad. Lo que sí es cierto es que el cerebro de un experto cuenta con más «pistas» y, por tanto, tiene que tomar mayores precauciones para evitar que éstas le conduzcan inexorablemente hacia las soluciones trilladas.

Otra de las falsas convicciones, también muy extendida, es la de que los niños tienen una creatividad desbordante pero que luego la educación tradicional la cercena. Pero ya se ha visto que lo que cercena la creatividad es la estrategia de «rapidez ante todo», elegida por la evolución hace millones años.

Todo parece indicar que el conflicto entre los malos resultados de las pruebas empíricas y la experiencia positiva de muchas empresas con el uso de las técnicas de creatividad tiene dos explicaciones distintas:

- En el desarrollo de las actividades controladas por la mente inconsciente cuenta más el entrenamiento que las técnicas empleadas.
- Hay dos tipos básicos de problemas (como veremos en las próximas páginas) y las técnicas como el «brainstorming» y el pensamiento lateral sólo son adecuadas para uno de ellos, que además es el menos frecuente en la vida real.

Entrenamiento de la capacidad creativa

El procedimiento más eficaz para entrenar la capacidad creativa consiste en luchar diariamente contra la tendencia del inconsciente a conformarse con la primera solución, tratando de encontrar varias soluciones alternativas para todos los problemas cotidianos. Así pues, tendríamos «ejercicios» como los siguientes: si te piden un consejo, esfuérzate en ofrecer varias soluciones; si tienes que preparar un informe, baraja más de una propuesta; y si debes coger el coche para ir a algún sitio, evalúa varios itinerarios alternativos.

Acostumbrar al inconsciente a adquirir la rutina de barajar varias soluciones alternativas requiere tiempo, porque no ha sido diseñado para ello, pero el cerebro es un instrumento extraordinariamente adaptable. El inconsciente de las focas tampoco ha sido diseñado para hacer equilibrios con una pelota y, sin embargo, pueden llegar a hacer auténticos juegos malabares.

Los domadores utilizan un elemento olvidado muy a menudo en la educación humana: cuando las focas lo hacen bien, las premian inmediatamente con unas sardinas. Estos estímulos, que los psicólogos denominan **refuerzos positivos**, son esenciales en todo tipo de educación: los domadores saben que sin sardinas no lograrían amaestrar a las focas; con nuestro inconsciente sucede exactamente lo mismo. Y la forma práctica de premiar a nuestro inconsciente consiste en sentirnos profundamente complacidos cada vez que se nos ocurra una idea innovadora. Al que inventa un nuevo chiste nunca le faltan las risas aprobadoras de los oyentes; sin embargo, el que da con una idea práctica y brillante, raras veces encontrará el apoyo inmediato de sus compañeros de trabajo; incluso puede encontrar rechazo e incomprensión. De modo que no le queda más remedio que «premiarse a sí mismo» con un profundo sentimiento de autosatisfacción.

En resumen, la receta para desarrollar la creatividad consiste en coger la costumbre de buscarle a todo más de una solución y aprender a sentir una profunda y sincera satisfacción cada vez que el inconsciente encuentre una idea brillante.

Tipos de problemas

Hay dos tipos muy distintos de problemas, unos suelen llamarse divergentes y otros convergentes.

Los **divergentes** son los que se prestan a soluciones muy dispersas y abundantes, como la búsqueda de un argumento para un cuento infantil, un eslogan para una campaña publicitaria, un título para un libro de poemas o un chiste sobre maridos engañados.

Los **convergentes**, tienen pocas soluciones prácticas y, además, son muy parecidos entre sí, por ejemplo: un título para un texto de óptica, formas de reducir los costes de teléfono, un nuevo paraguas de bolsillo o soluciones para el tráfico urbano. La inmensa mayoría de los problemas de la vida real son de este último tipo.

La búsqueda al azar, propia del pensamiento lateral y el «brainstorming», puede tener suficientes probabilidades de éxito con los problemas divergentes. Además, conduce a soluciones poco usuales y, por tanto, valiosas. Pero cuando se trata de problemas convergentes, con pocas soluciones y muy condicionados por limitaciones prácticas, utilizar el pensamiento lateral sería como buscar una aguja en un pajar sin método alguno.

En resumen, el pensamiento lateral y el «brainstorming» sólo son adecuados para los problemas divergentes. Los convergentes, en cambio, requieren otro enfoque. También necesitan de procedimientos que fuercen el inconsciente a seguir buscando, en lugar de conformarse con la solución más inmediata, pero la búsqueda ha de ser sistemática y estar centrada en las áreas de posibles soluciones.

La técnica que más éxito está teniendo con estos problemas es la de los **Mapas Mentales**, desarrollada por Tony Buzan, el presidente de la asociación de superdotados Mensa (www.mensa.org ó www.mensa.es). Consiste en comenzar dibujando un pequeño círculo en el centro de un papel en blanco, dentro del cual se escribe el objetivo que se está buscando. A partir de ese círculo se van dibujando, como si fuesen rayos de sol, tantas líneas como caminos se nos vayan ocurriendo para alcanzar el objetivo, todas con su nombre o descripción al lado. Cada una de estas líneas constituye a su vez un objetivo y las formas de alcanzarlo se pintan como ramas y subramas.

Dado que lo que se pretende es forzar al inconsciente a analizar todas las ramificaciones del problema, hay que esforzarse en reflejar todas ellas en el Mapa o, al menos, la mayoría. Cabe recordar que lo que se busca con estas técnicas de creatividad es que, en algún momento, surja la idea brillante desde las profundidades del inconsciente. Las soluciones, paso a paso y con final seguro, sólo se producen en el pensamiento consciente.

Una de las razones del éxito de esta técnica parece estar en que organiza la información de forma parecida a la empleada por el cerebro para almacenar datos en la memoria. Por eso, muchos expertos la recomiendan para ayudar a memorizar y entender temas complejos, tomar apuntes, servir de guión en charlas y conferencias, etc.

En numerosas actividades empresariales se usan técnicas de creatividad pensadas específicamente para resolver problemas concretos, como los diagramas de «espina de pez» utilizados por los círculos de calidad para encontrar las causas de los fallos de producción, o las matrices de «Peligros - Oportunidades - Fortalezas - Debilidades» tan frecuentes en el análisis de las estrategias empresariales.

Estas técnicas tienen unas características generales muy similares a la anterior, con la ventaja de estar adaptadas a un problema específico.

También, como luego se verá, existen técnicas de creatividad pensadas específicamente para inventar chistes.

Conclusiones

Antes de resumir las principales conclusiones conviene insistir en que el pensamiento creativo nunca avanza a grandes saltos. Su forma de progresar es modificando o asociando datos ya conocidos. Incluso las ideas más revolucionarias no son más que el resultado de asociaciones o pequeñas reestructuraciones de otras anteriores.

Tomemos por ejemplo la imprenta, considerada como el invento más trascendental de la historia, al menos hasta la aparición de internet. Antes de Gutenberg, los copistas y los plateros ya acuñaban textos breves con la ayuda de letras labradas en madera o metal y, por otro lado, los vinateros ya utilizaban prensas para exprimir las uvas. Lo único que hizo Gutenberg fue combinar ambos conceptos (y lo tuvo muy fácil, porque era platero de profesión y vivía en una tierra repleta de lagares).

A continuación, se resume en solamente tres puntos todo lo expuesto anteriormente sobre la creatividad:

1. Aunque la mayoría de los problemas tienen muchas soluciones, el cerebro tiende a dirigirse rápidamente a la más conocida o inmediata e ignorar todas las demás.

Para contrarrestar esta tendencia, hay que «reeducar» el cerebro para que se acostumbre a buscar más soluciones.

2. Cuando el problema es de tipo convergente, utilizaremos una técnica de búsqueda sistemática y muy centrada en el tema.

Cuando se trata de un problema de tipo divergente, la técnica debe ser «lateral» e imaginativa.

3. El pensamiento creativo avanza paso a paso, nunca da saltos; las nuevas ideas sólo son pequeños giros o combinaciones de otras anteriores.

Por tanto, es imprescindible tener un amplio dominio del tema. Todos los humoristas conocen de memoria un amplio repertorio de anécdotas, chistes y golpes de ingenio que les sirven de base e inspiración.

Capítulo 14

Cómo entrenar el ingenio

Ningún gran artista ve las cosas como son en realidad; si lo hiciera, dejaría de ser artista.
OSCAR WILDE

La mayoría de los humoristas profesionales han tenido que aprender a dominar su campo por cuenta propia y sin ningún método, pues no disponían ni de manuales ni de cursos para ello; pero eso está cambiando rápidamente. Actualmente, hay una importante industria del humor: detrás de cada programa cómico de la televisión hay varios guionistas especializados en crear chistes y golpes de ingenio; la mayoría de los periódicos publica «columnas» de contenido o enfoque humorístico; y las agencias de publicidad emplean cada vez más el humor en sus anuncios.

Este auge, junto con el creciente interés de la medicina por el tema, ha facilitado la aparición de numerosos cursos sobre el humor, hasta el punto de que ya son más de veinte las universidades norteamericanas que imparten cursos sobre la materia. Aunque aún diste mucho de ser una ciencia madura, ya existe una cierta experiencia sobre la enseñanza del humor.

Por otra parte, todos conocemos personas con un don especial para los chistes. «Nunca ha dejado de sorprenderme la rapidez, la chispa, la paradoja improvisada y desconcertante con la que hacía humor permanentemente, como sin esfuerzo», decía Nacho Moreno a Tip, un humorista excepcional. Son personas que tienen la virtud de alegrar cualquier reunión, sin utilizar ninguna fórmula mágica, ni tener cualidades innatas que los diferencien de los demás. Su único secreto consiste en:

- Saber, aunque sólo sea de forma intuitiva, cómo debe ser una incongruencia para que haga reír a los demás.
- Se han «entrenado» en la búsqueda de dichas incongruencias humorísticas.

Los lectores que hayan llegado hasta aquí, ya saben todo lo que necesitan saber sobre el primer punto. Veamos pues el segundo, es decir: el entrenamiento.

Entrenando el humor

Puede que no se haya visto nunca a nadie entrenándose en la búsqueda de incongruencias, pero eso es debido a que en la mayoría de los casos, lo han hecho de forma inconsciente.

Las personas con facilidad para el humor se han desenvuelto en ambientes que fomentaban el empleo de la broma y la ironía, y eso ha supuesto para ellas muchas horas de entrenamiento. Es el caso, por ejemplo, de los andaluces: su facilidad para el chiste les viene de que su cultura fomenta el uso del humor. Una persona que no bromea ni se ríe es una persona «seria» y esta característica, que en otras regiones es sinónimo de honestidad y formalidad, no es apreciada por los andaluces. Para ellos, un «serio» es simple y llanamente un «malaje».

Las personas muy ocurrentes disfrutan enormemente cada vez que idean un nuevo chiste. El cineasta y escritor francés Marcel Archad decía que por hacer un chiste era capaz de matar a su padre y a su madre (hay que aclarar que era huérfano).

Hasta tal punto se regocijan estas personas con sus propios golpes de ingenio que, a menudo, son incapaces de callárselos aunque sepan que se trata de una inconveniencia. Por ejemplo, Agustín de Foxa, uno de los más ocurrentes literatos españoles del siglo XX y gran admirador del torero Marcial Lalanda, sabía que la siguiente broma le iba a costar su puesto de embajador español en Roma, pero no pudo contenerse:

> *El conde Ciano era engañado a diestro y siniestro por su mujer, pero él hacía la vista gorda porque, entre otras cosas, se trataba de la hija de Mussolini. Durante una recepción oficial, al ver que Agustín de Foxá no se separaba de su copa, el conde se le acercó y le dijo: «La bebida va a acabar con usted, Sr. Foxá» y éste le espetó: «Y con usted lo hará Marcial Lalanda».*

Seguramente, este placer que sienten las personas ingeniosas cada vez que tienen una nueva ocurrencia les ha servido como motivación para estar siempre atentos a cualquier oportunidad de dar con alguna nueva incongruencia y, por tanto, les ha proporcionado un concienzudo entrenamiento.

A continuación, se propone un plan de entrenamiento en dos etapas para desarrollar la habilidad para encontrar incongruencias humorísticas. Pero, antes de empezar, es muy importante que averigües cuál es tu punto de partida, para después poder ir midiendo los resultados que el plan reporte.

¿Cuántas veces has hecho reír a alguien con tus ocurrencias en el último mes? Anota este dato y, a partir de ahora, lleva la cuenta de las ocurrencias que vayas teniendo, comprobando tu progreso mensualmente. Esto te servirá para darte ánimo y para contrastar los progresos obtenidos.

Primera etapa: copiar bien

La primera etapa del plan de entrenamiento consiste en aprender a utilizar inteligentemente los chistes inventados por otros. Para ello, ante todo debemos preparar una buena colección de chistes.

Conviene utilizar una agenda de bolsillo para así tenerlos siempre a mano. Para engrosar rápidamente la colección puede adquirirse algún libro de chistes, anécdotas o frases famosas, que se encuentran fácilmente en cualquier librería. También se puede recurrir a internet, donde hay centenares de sitios dedicados al humor. Después, debemos aprender a sacarle provecho a la colección. No se trata simplemente de utilizar los chistes en las reuniones de amigos, hay que ir más allá y aprender a adaptarlos a cada circunstancia, de forma que siempre resulten espontáneos y frescos. ¿Cómo? Observa la siguiente anécdota:

> En un congreso de investigadores europeos celebrado hace unos años en Amsterdam, uno de los conferenciantes sube al estrado y, al colocar su guión sobre el atril, éste se le cae y los papeles terminan esparcidos por el suelo. Después de recogerlos desordenadamente, el hombre vuelve a subir al podio y, con aire preocupado, dice: «Llevo un día que todo lo que toco lo rompo. No me atrevo a ir al cuarto de baño».

Estos chistes, utilizados por los conferenciantes profesionales para captar la atención o para reforzar los mensajes esenciales, sólo en muy contadas ocasiones son espontáneos, la inmensa mayoría de las veces son el fruto de una detallada preparación.

En la primera versión del manuscrito de este libro, el chiste sobre «la misma» de la página 171 aparecía como golpe de ingenio oído a un conocido escritor español, pero después resultó ser un chiste popular muy antiguo. Pero no se trata de un caso aislado, Fernando Vizcaíno Casas afirma que la improvisación requiere una preparación concienzuda.

Acostúmbrate a emplear chistes en las reuniones al igual que hacen los conferenciantes profesionales. El procedimiento para ello es el siguiente:

• Identifica dos o tres de las ideas básicas que se van a manejar en la reunión y redúcelas a lo realmente esencial.
Por ejemplo, si la reunión tiene por objeto reducir el coste del material de oficina, una de las ideas que sin duda se van a exponer es la de «presionar a los suministradores para que bajen los precios». Pero esta idea es demasiado compleja para el propósito que se busca; debe ser simplificada hasta dejarla reducida a simples verbos como «convencer», «apretar», «forzar».
• Una vez localizadas y simplificadas las ideas básicas, repasa tu lista de chistes buscando alguno que encaje con ellas. Por ejemplo, en mi lista puedo encontrar el siguiente chiste que encaja con «apretar»:

Ambrosio, cansado de que todas las noches le roben sus manzanas, aprovecha la oscuridad de una noche sin luna para esconderse en su huerto dispuesto a averiguar quien es el ladrón. Al cabo de un rato, una sombra salta la tapia y trepa a uno de los manzanos. Ambrosio se acerca en silencio al árbol, coge al ladrón por los testículos, le da un fuerte giro de rosca y le pregunta: —¿Quién eres?
Silencio. Le da otro giro más e insiste: —¿Quién eres?

Silencio otra vez. Le da una tercera vuelta de tuerca y vuelve a preguntar: —¿Que quién eres?
Por fin, con voz gutural y profunda, contesta: —Soy Manuel.
Ambrosio le da otro nuevo giro y pregunta: —¿Qué Manuel?
Con voz aún más gutural le contesta: —Manuel, el mudo.

• Cuando tengas el chiste que encaje con la idea básica, modifícalo para adaptarlo al máximo a las circunstancias de la reunión. Después, sólo tienes que esperar el momento adecuado para contarlo. Si no encuentras ninguno, es señal de que tienes que ampliar tu colección de chistes.
Pero, mientras tanto, si se trata de una reunión de trabajo puedes recurrir a los siguientes:

Ya hemos alcanzado el primer acuerdo: ambas partes queremos que la otra ceda más.

Lo que es nuestro es nuestro, aquí lo que queremos negociar es lo vuestro.

Un camello es un caballo diseñado en una reunión.

Recuerda que no se trata de utilizarlos tal cual, sino de adaptarlos a las circunstancias. Por ejemplo, si en la reunión se alcanzó algún acuerdo importante, se puede comentar: «Bueno, ya sólo nos falta encontrar a alguien a quien echarle la culpa si esto sale mal».
El chiste resultará más efectivo si encierra un ataque «políticamente correcto» contra alguien. Si además ese alguien es una persona, empresa o institución que le resulte molesta a todos los asistentes, el chiste servirá para cohesionar al grupo y, aunque sea inconscientemente, formar un frente común.

Segunda etapa: copiar mejor

Una vez que dispongas de una amplia colección de chistes y frases ingeniosas, y hayas aprendido a utilizarlos con soltura, estarás en condiciones de pasar a esta segunda etapa.

Ya se ha señalado que la creatividad avanza paso a paso y que, incluso las ideas más revolucionarias, no son más que asociaciones o transformaciones de otros conceptos previamente conocidos. Lo mismo sucede con los chistes: todos ellos son pequeñas mejoras, adaptaciones o variantes de otros ya conocidos. Es muy frecuente que el autor de un nuevo chiste no sea consciente de haberse inspirado en nadie, pero si pudiese llegar al fondo de su memoria, descubriría que su inconsciente se había apoyado en otros anteriores. Por tanto, el camino para crear nuestros propios chistes es:

- Conocer muchos chistes y frases ingeniosas.
- Aprender a construir otros nuevos a partir de ellos.

Introduce cambios y mejoras que vayan mucho más allá de la simple adaptación a unas circunstancias concretas y den lugar a un nuevo chiste. Las fuentes de frases ingeniosas y golpes de humor son muy abundantes: comedias, libros de humor, programas de radio y televisión, etc.

Conviene empezar por los libros, porque tienen la ventaja de que uno puede marcarse su propio ritmo y releer un pasaje todas las veces que haga falta. Además, no implica búsquedas complicadas o pérdidas de tiempo, ya que casi todas las grandes librerías tienen secciones especialmente dedicadas al humor.

Sin embargo, recuerda que no se trata de leerlos de corrido, sino de detenerse en cada uno de sus golpes de humor para:

- Descubrir el mecanismo utilizado para construir la incongruencia.
- Intentar mejorar el chiste o crear otros nuevos utilizando el mismo mecanismo.

Técnica para inventar chistes

Aunque quizás te cueste trabajo creerlo, siguiendo esta técnica de creatividad podrás inventar chistes sobre cualquier aspecto de la vida cotidiana. Pero antes de empezar, recordemos las partes básicas del chiste:

- **Planteamiento:** Comienzo de la historia, pensado para encaminar la mente en una determinada dirección.
- **Giro:** Nuevo derrotero que toma la historia. Ha de ser ilógico o inesperado, con objeto de burlar la previsión del cerebro. Resulta más eficaz si encierra alguna burla o crítica solapada.

Veamos ahora los cinco pasos para inventar incongruencias que contengan los dos elementos anteriores.

1. Primero, elige el tema sobre el que quieres hacer el chiste (la guerra, el matrimonio, las vacaciones, los fontaneros, etc).
2. Una vez elegido el tema, lista en la primera columna de la Tabla de creatividad todos los conceptos negativos y jocosos que se te ocurran. Supongamos que el tema seleccionado fueron los fontaneros; podemos listar: poco puntuales, prepotentes, dejan la casa sucia, caros, etc.
3. Los conceptos de la primera columna servirán de base para construir la segunda parte del chiste: el Giro.
Giro y Planteamiento han de resultar contrapuestos, es decir, debemos buscar ideas que entren en oposición con los conceptos de la primera columna y listarlas en la segunda.
4. A continuación, repasa la tabla buscando una combinación de las obtenidas que inspire una historia cómica. No debes ponerte límites a la imaginación: cuanto más locas y disparatadas sean las historias, mejor. El objetivo de este tipo de técnicas de creatividad no es el de llevarnos directamente a una solución, sino el de obligar a nuestro inconsciente a barrer un área más amplia de posibilidades. Así, no se deben despreciar las ideas que se

Concepto Negativo-Jocoso (Base del Giro)	Concepto Opuesto (Base del Planteamiento)

«salgan» de la tabla, al contrario, suelen ser las mejores. Las ideas raramente surgen al momento; requieren tiempo y dedicación, sobre todo las primeras veces ya que las siguientes suelen fluir con más facilidad.

Algunas de las muchas historias que se pueden formar a partir de los datos de la tabla, son las siguientes:

- «Dejó el baño tan limpio que parecía que acababa de salir el fontanero.»
- «Más fácil de encontrar que un fontanero en domingo.»
- «Tuve una fuga de agua e inundé el piso de abajo, pero el fontanero llegó corriendo porque vive en el piso de abajo».

- «Tengo que encontrar un fontanero, no tengo averías pero necesito un préstamo.»

Es muy conveniente buscar estas asociaciones en una atmósfera relajada. Incluso es provechoso leer algún relato humorístico antes de empezar para así alejar cualquier tensión.
5. Por último, rescribe las historias que han surgido una y otra vez, hasta que resulten realmente cómicas, tratando de:

- Combinarlas con chistes conocidos.
- Exagerarlas o ponerlas aún peor.
- Entenderlas al revés.
- Utilizar las técnicas mencionadas anteriormente (economía, sutileza, magnificación, pertinencia, etc.).

Tras sucesivas transformaciones, una de las historias anteriores acabó de la siguiente manera:

Dios se cree omnipotente porque nunca ha tenido que buscar un fontanero en domingo.

Veamos otro caso: un amigo te ha invitado a su despedida de soltero y deseas encontrar unas frases cómicas para amenizar un discurso. Volvamos a recorrer los cinco pasos.

1. Elegir el tema: En este caso puede haber varios, por ejemplo: los inconvenientes del matrimonio y los posibles problemas durante la ceremonia.
Conviene utilizar una tabla de creatividad distinta para cada uno de los temas (como las que se encuentran en el final de este capítulo).
2. Listar los conceptos negativo-jocosos: En este caso, debemos listar en la primera columna de cada una de las dos tablas todos los conceptos negativos o hirientes que puedan aparecer sobre el tema elegido.

Tabla de creatividad
Tema: Fontaneros

Concepto Negativo-Jocoso (Base del Giro)	Concepto Opuesto (Base del Planteamiento)
Poco puntuales	Puntuales Llegan corriendo Se les puede llamar en festivos
Prepotentes	Humildes Razonables y serviciales Encantadores
Casas sucias	Lo dejan todo limpio Cuidadosos
Caros	Baratos Así nunca se harán ricos

3. Listar los conceptos opuestos: A continuación buscaremos ideas opuestas a los conceptos de la primera columna y las listaremos en la segunda.

4. Buscar combinaciones: Repasaremos la tabla buscando combinaciones de conceptos negativo-jocosos y conceptos opuestos que puedan dar lugar a historias cómicas.

Conviene hacer una relación del mayor número posible de ideas, aunque no sean de gran calidad ya que pueden servir de base para construir otras historias mejores en el paso siguiente.

De este modo, podemos obtener las siguientes ideas:

- «Lo malo no es que durante la ceremonia le tenga que pedir permiso al cura para ir al WC, sino que no vuelva.»
- «Llegará tan tarde a su propia boda que lo mejor sería que se fuese directamente al banquete sin pasar por la iglesia.»
- «Llegará el primero, pero a la boda siguiente.»
- «Se va a llevar a su suegra a vivir con ellos, así evita que sea su mujer quien mande en casa.»
- «Conozco uno tan virtuoso que su mujer no tuvo más remedio que dejar de serlo.»
- «Hay uno que sabe de varios inconvenientes para la celebración de la boda, pero es tan sádico que cuando el cura pregunte se los va a callar.»
- «Lo malo no es soñar con que uno está casado, sino despertar y descubrir que es verdad.»
- «Con su boda, el grupo de solteros pierde a su líder sexual.»

5. Reescribir: Una vez más, combinaremos estas frases con otros chistes para reescribirlas, sucesivamente, hasta que resulten realmente cómicas y adaptadas al contexto.

El mejor de los chistes creado con el ejercicio anterior, fue uno que el apego, aunque sea inmerecido, nos impediría utilizar en una despedida de soltero. Es el siguiente:

¡Que suerte bribón, que te llevas a la más experta de la localidad!

El inconsciente masculino acostumbra a ser muy duro con los hombres que contraen matrimonio. En muchas culturas, y ciertamente en la ibérica, los novios han sido objeto de bromas crueles y denigrantes, especialmente si mostraban algún punto flaco.

El siguiente es un caso verídico ocurrido a mediados del siglo XX:

Una pareja de un pueblo de Badajoz se fue a Sevilla a pasar la primera noche del viaje de novios. Cuando ya estaban en la habitación del hotel, unos amigos del recién casado consiguieron con engaños hacerle bajar a recepción. Allí lo cogieron entre todos, lo metieron en un coche y lo dejaron, semidesnudo, a las afueras de Badajoz.

Quizás tanta crueldad con los recién casados pueda ser explicada por la teoría evolucionista de la risa. Si el inconsciente percibía que aquella boda no iba a contribuir a la mejora de la especie, hacía un último y heroico esfuerzo para tratar de evitarla. Afortunadamente hemos mejorado mucho y ahora nos conformamos con actos simbólicos, como las latas atadas al tubo de escape del coche de los recién casados.

Tabla de creatividad
Tema: Inconvenientes del matrimonio

Concepto Negativo-Jocoso (Base del Giro)	Concepto Opuesto (Base del Planteamiento)
Libertad perdida	Llegar a cualquier hora Juergas con amigos (y amigas) Casa patas arriba
Niños gritando y llorando	Tranquilidad y silencio Orden
Trabajo doméstico	La comodidad del sofá El control del mando a distancia
Suegra decidiéndolo todo	Nadie se entromete Nadie te critica
Ella/él resulta ser un pendón	Fidelidad eterna Honra

Tabla de creatividad
Tema: Problemas en el día de la boda

Concepto Negativo-Jocoso (Base del Giro)	Concepto Opuesto (Base del Planteamiento)
Llegar tarde a la iglesia	Llegar a la boda anterior Llegar con tiempo para pensárselo Preguntar por el banquillo de los reservas
Retortijón de tripas en plena ceremonia	Interrumpir al cura para preguntar por el servicio Así se ahorra los cohetes
Alguien levanta la mano al decir al cura: «Si alguien sabe de algún impedimento...»	Eso quisiera él
Sorpresa en la noche de bodas	Nadie entenderá por qué se sorprende Ya no se sorprende de nada

Apéndice

Riendo se cura la gente

El tiempo que pasa uno riendo es tiempo que pasa con los dioses.

PROVERBIO JAPONÉS

En su tratado sobre la naturaleza humana, el filósofo Thomas Hobbes dejó escrito que «la risa no es otra cosa que una gloria súbita»; esta frase es, según el escritor, profesor y experto en terapia de la risa, Mario Satz, la definición más apropiada de la mecánica del reír. Según afirma, la mejor de las risas es como un estallido, como un relámpago de liberación fisiológica, difícil de clasificar pero, en cambio, fácil de inducir y contagiar.

Las investigaciones modernas han descubierto que el reflejo de la risa se produce en una zona situada algo más abajo del esternón que también induce a bostezar. Esto puede ser constatado fácilmente por todas aquellas personas que alguna vez han bostezado o reído «por contagio» de otras que lo hacían.

En diversos momentos a lo largo de la historia de la humanidad, en diferentes culturas y latitudes, encontramos una asociación antiquísima entre risa y buena salud. De este modo, Satz apunta que en África, un continente especialmente castigado por los problemas, los narradores ambulantes tienen como objetivo aliviar los sufrimientos de su público con burlas y chanzas. En la India se dice que si no fuera por la risa hace ya tiempo que el género humano «debido a su innata infelicidad, hubiera dejado de existir».

Acaso por eso, más que la diplomacia, la risa es el recurso más útil y eficaz para relajar tensiones, estrechar relaciones y acercar posiciones entre grupos opuestos o potenciales enemigos. La razón es que al reír descienden automáticamente al mínimo los niveles de agresividad y, al mismo tiempo, asciende la predisposición a no tomarse nada demasiado en serio.

La risa es algo que el pensamiento no puede abarcar, es una «verdad del cuerpo», tal y como afirma Mario Satz. Cuando el cómico Groucho Marx pronunció la frase «tragedia más tiempo igual a comedia» estaba formulando una de las más profundas leyes de sabiduría existencial, la que lleva a los seres humanos a aprender que, cualquiera que sea el motivo de una angustia o dolor en el presente, con el transcurso del tiempo acabará por ser una sombra de lo que es. La risa, en su función terapéutica, hoy universalmente aceptada en medios científicos, colabora para que así suceda.

Detrás de lo trágico está el dolor, el temor a la pérdida o al sufrimiento; detrás de lo cómico está el esfuerzo por superar esos sentimientos negativos y acaso algo más, una condición inasible que, para Satz, «sólo los ángeles y los genios conocen».

¿Por qué es positivo reír?

Está demostrado que la risa es culturalmente universal y los filósofos han intentado saber por qué se produce y por qué es tal como es. Por ejemplo, el griego Platón en su obra Philebus, afirmaba que nace de una «falta de autoconocimiento», refiriéndose a la falta de equilibrio entre lo que vemos y aquél que ve, mientras que, por su parte, Kant dijo que la risa «era una expresión que brota de lo imprevisto de una tensión que desemboca en la nada». Sin embargo, otros autores como el romántico Novalis nada veían precisamente en la risa, o lo que es lo mismo, veía un vacío o lapso creador acerca del cuál es inútil preguntarse la razón.

Pero, ¿qué efectos fisiológicos produce? Cada vez que nos reímos, afirma Mario Satz, nuestro organismo libera endorfinas cerebrales entre las que se hallan las hormonas del despertar o catecolaminas, que preparan al organismo poniéndolo en estado de alerta. Por otra parte, la risa tiene una incidencia positiva sobre el sistema parasimpático —responsable de que el ritmo cardíaco sea más lento, la tensión arterial descienda, se regularice la respiración y la digestión— y actúa también sobre los genitales. La acción que la risa ejerce sobre el parasimpático es duradera y persiste durante un lapso muy prolongado después de que las carcajadas se han apagado. Como también realiza un masaje hepático, reír tiene efectos notables sobre el metabolismo del colesterol y, por el aumento de los intercambios pulmonares, la tasa de grasas en sangre se ven drásticamente reducidas. Por ello, la risa constituye una gran aliada para la prevención de enfermedades.

Asimismo, la risa mejora las funciones del bazo, uno de los órganos fundamentales para el buen funcionamiento del cuerpo, dedicado a tener siempre en reserva una cantidad de sangre limpia.

En cuanto a la risa como factor antiestrés, es tan importante que se ha acuñado un término para referirse a este componente, se trata de la palabra eustrés o estrés positivo; una situación neurológica en la que se observa un descenso de la adrenalina y un ascenso de betaendorfinas en sangre.

Para poder disfrutar de todos estos beneficios, Mario Satz nos ofrece las siguientes recomendaciones:

- Dedicar una parte del día a reír o a hacer reír.
- Recordar que todos reímos.
- Reírnos **con** y no **de** los demás.
- Tener presente que la risa nos vuelve piadosos y tiernos.
- Ejercitarnos en abrir y cerrar la boca como si fuéramos a reír, todas las veces que podamos.
- No aferrarnos a la tristeza o a la melancolía y recurrir a la risa para enfrentarlas.

La risa como terapia

Actualmente, los seminarios sobre la risa o los talleres de «risoterapia» se encuentran ya en muchos países. Los análisis posteriores a una sesión de risoterapia han remarcado que la risa contagia a los participantes de un sentido de eternidad, rompiendo los convencionales ritmos de tiempo y otorgando a la risa una cualidad psíquica comparable a los antioxidantes más eficaces, tales como la vitamina C. Cuando reímos, se articulan quince músculos faciales y, si la risa es intensa y enérgica, cesan los espasmos estomacales y se desbloquea el hígado por más castigado que esté.

El filósofo taoísta Mantak Chia ha recuperado la antigua sabiduría del yoga sobre la sonrisa interior: «los sabios taoístas afirman que cuando se sonríe, los órganos producen una secreción similar a la miel, secreción que nutre todo el cuerpo... La práctica de la sonrisa interior comienza, pues, en los ojos, ya que éstos están ligados al sistema nervioso autónomo que regula la acción de los órganos y las glándulas».

Los ejercicios chinos consisten en repeticiones vocálicas dirigidas a despejar los órganos. Fonoaudiólogos occidentales han descubierto hace ya tiempo que, en efecto, hay una conexión entre la risa y el sistema vocálico, sin embargo no se le ha concedido especial importancia al carácter abierto de la vocal, similar y paralelo a la naturaleza psíquica del reír.

Suele decirse que, con los años, las personas perdemos un 50 % de nuestra capacidad espontánea de reír, de manera que durante la adolescencia reímos menos que en la infancia, pero más que durante la vejez. Como modo de contrarrestar la tendencia a la seriedad, explica Satz, en los últimos años se han desarrollado técnicas vocálicas y respiratorias que se practican en grupos de 15 a 20 personas. En estos talleres, cada uno de los presentes se estira en el suelo con la columna vertebral relajada, pero con la nuca en el vientre de la persona más próxima. A esta figura grupal se la denomina «la espiga de la risa»: el despertar sonoro de las carcajadas se difunde como un juego que contagia al conjunto.

También existen ejercicios procedentes del psicodrama, así como gestos o mudras propios del teatro oriental que ayudan a desbloquear el diafragma, favoreciendo la salida de la risa. Cuánto más fuerte y estentórea sea ésta, más beneficiosa y terapéutica será.

Así pues, la terapia de la risa (o risoterapia) aporta un sinfín de beneficios tanto para nuestro cuerpo como para la mente. Tal y como afirma Satz: «Participar por la palabra, el gesto, el sonido o el mero susurro de la magia de la risa, reverdece en nosotros la humana esperanza de una vida social más agradable y merecedora de ser vivida. Pero la risa es también lo que nos diferencia de los animales, lo que establece verdaderas pautas de civilización, con la paradoja de que siempre nos remite a nuestra naturaleza más profunda y entrañable. La risa es, en definitiva, la manera más económica de devenir uno con el alegre rotar de las galaxias y recuperar en segundos, todo el oxígeno que nuestro habitual desánimo nos fuerza a perder».

Lecturas sobre la risa

La risa y el inconsciente

La psicología define el inconsciente como aquello que está constituido por todo lo que no se encuentra en la conciencia, lo que no está al alcance del pensamiento consciente de si mismo pero está presente en la psique del individuo.

En su trabajo sobre el chiste y su relación con el inconsciente, Freud intentó demostrar que el humor, como la libido o la actividad erótica, «libera energías ocultas», tornándolas disponibles y, en el mejor de los casos, haciendo consciente lo inconsciente. Con su habitual precisión lingüística, los franceses llamaron al *witz* alemán *mot d'esprit*, es decir, la palabra o el conjunto de palabras que «sueltan» un halo, un alcohol risible, liberando así un contenido del que no se tenía la menor sospecha. Por otra parte, si atribuimos la propensión a la lógica al hemisferio cerebral izquierdo, como aseveran las modernas teorías neurológicas, y el sentido poético y musical al hemisferio derecho, de carácter menos racional, la risa «brota como un chispazo cuando ambos actúan simultáneamente». Esa es su magia y también su escasez, porque nuestro cerebro parece preferir la polaridad excluyente —tal vez para descansar, como los pies, que se suceden uno a otro en el camino— antes que la frecuente sincronía.

Al mismo tiempo, si desde un punto de vista topográfico situamos a la conciencia en el área de la cabeza, donde están ubicados la mayoría de nuestros sentidos, el inconsciente abarcará el resto del cuerpo, sobre todo sus partes ocultas, de cuyos pliegues y repliegues nacen la mayor parte de los chistes y bromas, pues un porcentaje desproporcionado de bromas —y eso también lo destacó Freud—

aluden a las funciones fisiológicas, excretoras, reproductoras y sensibles de nuestro cuerpo, de ahí que humor y amor estén tan emparentados. Censora de sus propios logros, la conciencia tiende a restringir, por razones sociales, su campo de acción. Establece barreras y límites, fronteras que el humor, surgido de las profundidades del inconsciente, se empeña una y otra vez en cruzar para revelarnos que nada le es ajeno, que la ambigüedad misma de la vida preside todos sus movimientos.

En el siglo XVIII, un poeta romántico alemán, Novalis, dejó escrito que «el humor es una mezcla que se disuelve en la nada», razón por la cual se enfrenta, la mayoría de las veces, a toda estructura lógica, a toda construcción mental. Otro filósofo, el israelí Yoram Mishpat, dijo que el humor es el estado aquel en el que «la materia compacta o sólida vuelve, instantáneamente, a su estado gaseoso, es decir a un desorden caótico de los elementos que la constituyen». En efecto, las palabras caos y gas tienen el mismo origen semántico.

Como los sueños que produce, el inconsciente es insólito y aleatorio, categorías que también definen al buen humor, que debe ser inesperado y circunstancial. Todos nosotros sabemos que el mejor chiste es el que se cuenta *à propos*, para ilustrar una situación especial, generalmente la que estamos viviendo. Y también que los grandes humoristas abrevan en la política y el orden social contemporáneos, para parodiarlo o deformarlo a voluntad, de manera tal que sea menos ordenado y, por tanto, menos coercitivo.

Si el campo de la conciencia obedece a la ley didáctica de lo cultivado, de lo premeditado, el del inconsciente se mantiene deliberadamente en el área de lo salvaje, de lo silvestre, y por eso notamos, en las colisiones o los contactos que entre una y otro —conciencia e inconsciente— se producen, un efluvio encantador cuyo propósito no puede ser otro que el de permitirnos una relajación, siquiera momentánea. Ese efluvio, esa emanación, es la que detona y suscita la risa, de cuyas virtudes terapéuticas hoy nadie duda.

Mario Satz

El pájaro de la risa

En cierto lugar de África se narra, para combatir la miseria y el tedio, una y otra vez, una leyenda llamada El pájaro de la risa que dice que, habiendo perdido, rey y reina de una tribu, la alegría de vivir, el deseo de compartir y el gusto de la mutua caricia, comenzaron a palidecer y a enfriarse tanto que, incluso en la época más tórrida del año, tiritaban uno junto al otro sin saber qué hacer para remediarlo. Por otra parte, como su ascendencia sobre los demás, su influencia sobre los clanes era tan fuerte, casi todo el mundo había caído en una suerte de helado sopor emocional que los privaba tanto de las palabras cotidianas como de los compartidos silencios de los juegos íntimos.

Fueron las ancianas, afirma la leyenda, quienes decidieron que un niño y una niña, escogidos entre todos por hallarse en mejor estado de salud que el resto, se encargaran de buscar a Guisguis, el Pájaro de la Risa (la abubilla o *Upupa epops*); para lo cual tenían que ir al mercado de los pájaros, famoso por el exotismo de sus huevos casi tanto como por el bullicio que hacían sus dueños, y comenzar ahí sus pesquisas.

Los niños llegaron al mercado cuando éste se hallaba en plena ebullición. Establecido a orillas de un lago, en él coexistían, charlaban y cambiaban pareceres aves de agua dulce y especies migratorias, voltúridos y limpiadores de parásitos de los cocodrilos. En verdad, allí no se vendían ni comparaban huevos sino que se intercambiaban cantos y silbos, cuyos tonos y gorjeos, según dicen, distribuyen las rutas de los vientos. Tanto poder tiene la música sobre el tránsito de lo que no se ve. Decididos y valientes, los niños preguntaron a una cigüeña por Guisguis, pero la pobre no tenía la menor idea de quién era el Pájaro de la Risa. Más tarde y sucesivamente indagaron por su existencia ante el pavo, el calao y la pita. Interrogaron a la suimanga y al turaco. Aunque las respuestas no fueron del todo evasivas, unos los enviaban a ver a otros, y éstos los reenviaban a consultar a los primeros, como si, juntos y por separado, se negaran a confesar algo secreto. Molestaron después a un picabueyes piquirrojo que hacia la limpieza de orejas de una gacela y el higienista los mandó de paseo. Ante un charco de agua no muy limpia, una pintada pareció sonreírles. Pero tampoco ella sabía nada del Pájaro de la Risa. Deambularon largo rato entre el alcaudón y el gavilán. Presenciaron una fiesta de grullas y observaron la puesta de sol en sus crestas enamoradas, pensando que tal vez por ese motivo esas aves sabrían orientarlos en su búsqueda. Pero la nada llamaba a la nada.

Muchos meses pasaron, y mientras los niños iban de aquí para allí, en su aldea crecían el tedio y la indiferencia. Gris, la rabia extendía una finísima malla de rencores entre quienes pensaban que era injusto que todos tuvieran que pagar por el fracaso de dos, por más rey y reina que fuesen. Venían las lluvias y pasaban de largo; salía el sol y las nubes lo tapaban justo por encima del poblado. El mijo no sabía a nada y el agua para beber era más turbia cada día. Espesando las horas, el tiempo transcurría para esas gentes como una maldición.

Por fin, cierta mañana, sobre una acacia espinosa, los niños encontraron a la abubilla que llamaban el Pájaro de la Risa. Como la reina y el rey, a quienes les habían contado cómo era, la describieron del color de la miel, con alas negras y blancas, y el pico largo, los niños la reconocieron de inmediato. Saltaba de rama en rama con una agilidad de pulga y un orgullo vivo.

Los niños se arrodillaron ante el Pájaro de la Risa solicitándole un favor: «Queremos que vengas con nosotros a nuestro pueblo —le dijeron— pues el rey y la reina están tan aburridos y su vida se ha vuelto tan insulsa, que de sus cabezas para abajo languidecemos todos». Por toda respuesta la abubilla abrió el abanico de su cresta y guardó unos instantes de silencio. Parecía pensar cuando, en realidad, miraba un punto fijo en el cielo, buscando, tal vez, alguna oscura referencia en su memoria. «La respuesta está en los dedos —chilló— si los dedos están en las manos, las manos en los brazos y los cuerpos en las personas que les corresponden».

Por descontado que a los niños esa respuesta no les dijo nada, de modo que abrieron sus bocas con estupefacción y no poco desánimo: «Pero, veamos —inquirió el niño— ¿tienes o no tienes tú la risa salvadora?». Guisguis se rió, claro está, como correspondía hacerlo, pero dado que no le gustaban demasiado los seres humanos y menos aún los reyes, se volvió de espaldas y lanzó un tenue chorro de excrementos hacia los visitantes. «¿Es ésa tu respuesta? —preguntó la niña—, ¿por cosa tan estúpida hemos recorrido el bosque y la sabana?»

Tras mucho esperar, seguir su camino, retroceder y avanzar, dormir y despertar a sus pies, los niños consiguieron por fin que la abubilla consintiera en acompañarlos. Eso sí: debían regresar cantando una canción y quienquiera que se equivocase en el menor tono o letra frenaría de inmediato la marcha. La canción decía:

Hut hut hut te toco a ti, hut hut hut me tocas a mí
si sabes dónde me harás reír,
si sabes cómo nos vamos a divertir.

Considerando que la canción estaba en lengua de abubilla y el acento del Pájaro de la Risa no era, precisamente, claro y comprensible, los niños vieron su camino de regreso interrumpido cien veces debido a los errores de dicción. Para detener la sabiduría de algo tan cómico y ligero como la risa, el ave aquella parecía demasiado rigurosa y exigente.

Cuando llegaron a la aldea todo el mundo estaba recostado contra troncos o paredes, tirado en el suelo, somnoliento o dormido junto a fuegos mal apagados. La abubilla revoloteó sobre la casa de los reyes y los hizo salir con una tremenda carcajada seguida de un chorro de excremento que fue a dar en el ojo izquierdo del monarca. El olor del excremento era tan espantoso que todos, hasta el más pequeño, se llevaron las manos a la nariz. La abubilla les dijo a los niños que reunieran a todo el pueblo en el centro de la aldea pues quería hablarles. De mala gana, débiles, aturdidos por tanto sopor y aburrimiento, las gentes se agruparon formando un círculo y dejando a los niños en el centro. «Para empezar —dijo la abubilla— sólo hablaré si alguien encuentra el peine de luz que estaba pasándome por la cabeza cuando algún entrometido abrió la puerta de mi espejismo. Era, soy todavía, debajo de esta apariencia, la Doncella Sonrisa, pero me llaman Pájaro de la Risa porque desde que rompieron mi espejismo no hago más que buscarme a mi misma. Sé que será difícil volver a ser la que era, pero el Sol me dijo que si aliviaba a otros cuando me lo pedían, se acortaría el tiempo de mi sortilegio».

Las protestas se extendieron como un reguero de susurros entre pecho y pecho. ¡Había que volver a salir en busca de algo, no se acabaría nunca el movimiento, jamás la desazón! «Un momento —gritó el niño—, sé que estamos cansados y desanimados, pero la pereza es mala consejera. Si nadie quiere ir, iré yo». «Y yo también», agregó la niña.

En determinados lugares de África, y en la estación seca, los espejismos crecen en el horizonte que la tierra entera hierve y que el sol escupe polvo sobre ella. Era lógico, dijo la abubilla a quien llamaban el Pájaro de la Risa, que habiendo perdido su peine en un lugar así comenzaran a buscarlo entre los espejismos, y que, una vez hallado, y si lo hallaban, envuelto en las cáscaras de un huevo de avestruz, lo trajeran al poblado cantando la canción que ella les había trasmitido.

Con tanta resignación como entereza, los niños se pusieron en camino una noche sin luna y, al amanecer del segundo día, llegaron a la cuarteada llanura de los espejismos. Llevaban consigo grandes sonajeros y lanzas para apartar a las fieras, y de sus cuellos colgaban, protectoras, dos plumas de la Doncella Sonrisa. El viaje no los alegraba demasiado y aquel paisaje aún menos. Los espejismos eran tantos y tan variados que comenzaron a sospechar que era cierto —como dijo la abubilla—, que estaban hechos de puertas transparentes que se abrían hacia otra realidad. Cuando creían, por fin, haber llegado al corazón de una de esas brillantes ilusiones, ocurría que se les esfumaba de la vista como los párpados cuando se repliegan hacia las órbitas del ojo. La abubilla, empero, y para ayudarlos, les había dado una contraseña en forma de acertijo que decía así: «*Mira el horizonte debajo de tus pies o nunca cesará de alejarse*».

Fue la niña quien, fatigada de tanto andar y andar, lo resolvió: «Quedémonos quietos —dijo—. Puede que a cierta hora, en un instante determinado del día, el espejismo que buscamos asome por la punta de nuestros pies y, dentro de él, encontremos el peine de luz del Pájaro de la Risa, o sea de la Doncella Sonrisa». Dicho y hecho. Bebieron diez sorbos de agua cada uno y durmieron hasta que el crepúsculo tiñó todo de un color de ala de flamenco. La niña se despertó, miró el suelo y vio la piedra blanca de bordes estriados en la que parecía estar, guardando bajo un tiempo fósil, el peine de luz. «¿Estás segura de que está ahí?». «*Hut hut* —cantó la niña— *hut hut hut*», decidida a no espantar la belleza de ese hallazgo. Con sumo cuidado introdujeron la piedra con el peine de luz en el interior de la cáscara de huevo de avestruz y retornaron al poblado.

La abubilla dio una voltereta abriendo y cerrando su cresta nerviosa pero también feliz de que los niños hubieran dado con su delicado instrumento de cosmética personal. Tomó la piedra con el pico, extrajo el peine, lo tomó con una de sus alas y comenzó a peinarse la cresta con auténtica furia, como si quisiese reducir con prisa el tiempo de condena y deshacer de golpe el hechizo que la encerraba en esa forma. Y entonces ocurrió el milagro: la aldea íntegra, las casas y los perros, las gallinas y los cacharros de cocina, deformándose, vaciándose de pena y llenándose de vida, entraron en un espejismo a través del cual cada miembro de la comunidad fue primero un animal de la selva, luego alguien de otra raza y otra región, y finalmente los cuerpos de unos en las almas de los otros, de tal modo que, transformada en una casi impalpable doncella, la exabubilla Doncella Sonrisa, de un color blanco más deslumbrante que la sal marina, titilando como la espuma, sinuosa como la leche a punto de devenir manteca, con el aspecto de una criatura maravillosa y al mismo tiempo irreal, viendo todo aquel desbarajuste les dijo: «Habéis perdido la risa, ahora lo sé, porque cada quien quería ser otro. Estabais donde no erais y erais donde no estabais», explicado lo cual fue directamente hacia los reyes y les señaló los puntos precisos del cuerpo en los cuales se ocultaba la risa.

Y fue así como se recobraron, dice el cuento, las cosquillas, y con ellas el tacto, el amor y la diversión. No obstante, deshecho que fue el espejismo, el pueblo observó que los reyes se alejaban transformados en una pareja de fantasmas tan viejos como el abuelo de las tortugas, y que, en su lugar, era la pareja de niños la que reinaba.

Curiosamente, sus rostros eran iguales a los de los reyes, de tal modo que nunca se llegó a saber si la impresión de vejez había sido producto de la tristeza ambiente, o si la condición real imponía un mismo tipo de cara en todas partes. Entretanto, el Pájaro de la Risa, no pudo, por desgracia para él, retener el peine de luz y con él su forma anterior de Doncella de la Risa, por eso le quedó, desde entonces, y en la cabeza, la memoria despeinada de ese hecho, y allí donde va, de techo en techo y de granero en granero, repite hut hut hut tratando de que alguien la necesite lo bastante como para que, ayudando a otros, pueda recuperarse a si misma.

El cuento agrega que cuando la abubilla se alejó no olvidó decirles a los hombres y a las mujeres que guardaran los trozos del huevo de avestruz en un sitio seguro, por si acaso debían volver a partir en busca del milagroso peine que, con el constante rodar de las piedras tras el lavado de las lluvias, acabó por perderse en alguna sinuosa y ocre riada de las que habitualmente se producen en África tras las fuertes y súbitas rociadas estacionales.

Mario Satz

El bambú y la risa

Entre los bamún y los bamileké de África, un pedazo de bambú llamado guis, risa, es símbolo del gozo de vivir sin manías ni preocupaciones. Casi todos los adultos lo llevan junto a su yesquero y es tan importante su uso que, como la pata de conejo a la suerte en ciertos lugares e Europa, carecer de él o bien olvidárselo en algún sitio puede otorgar a quien le encuentre la porción de risa que pertenecía a su verdadero dueño. Los chinos, que son quienes más admirablemente han hablado del bambú (Phyllostachys aurea), y al que llamaron *zhú*, extrajeron de él la metáfora de la flexibilidad y el bienestar, del verdor constante y la salud anímica. Pero han sido los africanos quienes lo han situado en el panteón doméstico de los utensilios sagrados —como el tambor, las semillas gigantes o los cauríes de adivinación— porque han visto en él el cilíndrico modelo de un vacío semejante al que la buena risa deja en nuestros intestinos tras la sacudida de una eléctrica carcajada.

El trozo de bambú en cuestión, llamado risa o *guis*, actúa como un amuleto risueño que por magia simpática comunica a quien es tocado por él la posibilidad de doblarse sobre sí mismo (y no hay risa que no cause tan doblez) sin romperse, burlándose de sus propios pensamientos y vaciando a la mente de todo contenido temporal, pues trátese del remordimiento por el pasado o de la promesa del futuro, todo es barrido por la risa en olas de divertida sangre cuya espuma llega en forma de luz a ojos del sonriente con el fin de dejar al sujeto al borde mismo de un presente indefinido, aéreo, espirituoso.

Si acaso una pareja bamileké, disgustada por alguna tontería de celos o decepción de esperanzas no logra salir de su mutuo enfado, un vecino portador del *guis* se llega hasta ellos para frotarles la frente con su lisa madera y espera con mirada pícara los efectos, casi siempre liberadores.

«Ningún bambú crece en solitario, y basta que la brisa libre y espontánea toque a uno sólo de ellos para que el resto se contagie de la misma música risueña». Eso es lo que piensan los bamún, que van alargando el tamaño de su *guis* a medida que envejecen pues saben que los años se llevan muy pronto nuestros placeres sustituyéndolos por quejas y que, si uno no pone remedio a las tristezas de la edad, los crujidos de ésta cubren el nido de la risa con dolores de hueso y fantasías de muerte.

El bambú es el mejor remedio porque nunca está del todo quieto. Hueco, es flauta o cerbatana; largo, lanza o caña de pescar; tierno, como en China, comida sabrosa y crujiente. Y por último, bastón. Si alguien tuviera un *guis* del tamaño de un báculo, por otra parte, deberían tener otro normal para contener la avalancha de risa que podría provocarle. Tanto los bamún como los bamileké, pueblos que se distinguen por su buen humor, dicen que los colores de la risa son el amarillo brillante y el verde.

El sol oculto entre las hojas del bambú y revelado en la manipulación del *guis*.

Mario Satz

El humor de los niños

En el famoso cuadro de Pieter Bruegel el Viejo llamado *Ludus puerorum*, en el que niños y jóvenes juegan en una calle europea del siglo XVI, vemos hasta qué punto el humor por ellos desplegado es dinámico, abierto, espontáneo y sin embargo capaz de trazar sus propias reglas. En el lenguaje alquímico al que Bruegel tanto debía, ese cuadro particular se opone a las tantas y tantas *Melancolías* que por la época se pintaban y que hoy, en términos psicológicos, sería tomada por la depresión corregida o a punto de corregir por el desenfado infantil, ya que —y lo dijo el mismísimo Jesús— para entrar al Reino de los Cielos (Lucas, 18:17) hay que ser como niños: «De cierto os digo que el que no recibe el Reino de Dios como un niño no entrará en él». En primer lugar porque para ingresar a ese Reino, el Paraíso, espacio inocente y fresco, es preciso carecer de sentimiento de culpa y sentimientos de vergüenza, que, recordemos, son las emociones que experimentaron según el mito bíblico Adán y Eva antes de ser expulsados al mundo del dolor y del trabajo. De donde si la civilización comienza por lo serio, sólo por lo cómico parece recuperarse la naturaleza o, cuando menos, parte de ella.

De ahí que a Jesús le pareciera lógico que para retornar —más allá del sufrimiento de tener que ganarnos el pan con el sudor de nuestras frentes— a la condición adámica o primigenia el ser humano debiera, en cierto modo, volver a la infancia, con su desparpajo, su verborrea incontrolada y —sobre todo— su ánimo ingenuo y su espontaneidad corporal.

Por otra parte, la equivalencia entre la travesura infantil y el chiste adulto parece bastante clara y exacta, por cuanto en ambos casos se trata de una transgresión que fuerza o propone un regreso de lo rígido y establecido a lo espontáneo y sin sentido, un retorno de la cultura a la naturaleza, o bien un descenso de la boca al trasero, de la palabra al pedo. Por la travesura el niño incursiona en lo prohibido, así como por la broma o el chiste soez el adulto cruza el límite de lo convencional. En ambos casos, y si la travesura es inocente y el chiste ligero, se roza, como dijo un rabino, el Paraíso, porque «todas las alegrías provienen del Jardín del Edén, y también las chanzas, a condición de que siempre sean dichas con regocijo verdadero» (1).

Los niños son torpes, se equivocan con frecuencia, lloran y ríen con facilidad. Su mundo emocional, salvo excepciones, no está mediatizado por la represión cultural. Deforman las palabras a gusto. Suelen reírse porque sí y exhibir sus vergüenzas, vergüenzas que los adultos ocultamos cada año que pasa bajo más y más pretextos y justificaciones. Por esa lozanía, por ese no pensar y no penar demasiado, los niños disfrutan de la vida y de sus cosas simples más que sus mayores. Se adentran en la escatología y la exploración de sus cuerpos sin que nadie les diga cómo ni cuando, comparan sus órganos como quien coteja tesoros y no cesan de sorprenderse de las cosas (2).

Pero es sobre todo en su relación con lo obsceno donde mejor percibimos hasta qué punto, risa y humor intentan, al ejercitarse, volver a la infancia. Lo que es el trabalenguas infantil al que todos hemos jugado es, a su modo, el chiste adulto basado en los *lapsus linguae* o los retruécanos verbales; una deformación que se burla de la lógica de las palabras, del orden sintáctico con el fin de hacer reaparecer como por arte de magia ese otro orden subcutáneo de los cuerpos vivos e indomables. Hay, por tanto, algo salvaje en la risa, algo muy antiguo y a la vez muy joven.

Si nos preguntamos qué hace reír a un niño veremos surgir la caída del payaso, la incompetencia de un adulto ante algo que ellos harían mejor, la torpeza en general, para no hablar de los ronquidos u otros ruidos muy humanos. También les hacen reír la velocidad y el descontrol, como prueban los dibujos animados. Adusta, la quietud les desagrada, ya que ellos sólo se inmovilizan cuando se disponen a dormir. Los chinos, que aún hoy llaman a los niños *tzy*, sostienen que la principal característica de la infancia es la sinceridad, y por ello también el desenfado, que tanto tiene que ver con la fuente del humor. Entre los griegos se consideraba que había una relación más que lingüística entre *paigniodis*, aquello que es alegre y divertido, y el *paidarión*, niño o muchacho. De hecho, la parodia, que nace del concepto griego de *paidariódis*, lo que es pueril, tonto incluso, constituye una pieza clave en los mecanismos de la risa. Y quien dice parodia dice imitación, burla, comedia en suma. Los ingredientes básicos del buen humor. Para los hebreos de la Biblia la figura de Isaac, el hijo tardío de Sarah, contiene en su nombre todo lo que la risa tiene que ofrecernos, pues, en efecto, *itzjak* significa «ella (su madre) se rió», expresión que incluye, en sí misma, otras tres palabras: *jok, tzaj, jai*, traducibles por: la ley que pule o limpia la vida. Así, pues, que eso es la risa: el ejercicio mediante el cual el ser humano se purifica de las escorias del tiempo, regresando, con frecuencia, carcajada tras carcajada, al niño que fue para ayudar al adulto que tiene dificultades en ser.

Mario Satz

(1) Satz, Mario (1990): *Oraita, cuentos jasídicos.*, Barcelona: Obelisco.
(2) Gaignebet, Claude (1986): *El folklore obsceno de los niños*. Barcelona: Altafulla.

Bibliografía

BERGSON, Henri (1971): *La risa*. Madrid: Espasa Calpe, S.A. (2ª ed. 1986).
BERNE, Eric (1977): *¿Qué dice Vd. después de decir hola?* Barcelona: Grijalbo Mondadori, S.A. (1ª ed. 1999).
COLL, José Luís (1975): *El Diccionario de Coll*. Barcelona: Editorial Planeta.
GARCÍA ESTRADA, Maena (2000): *El bufón que no hacía reír*. Barcelona: Ediciones Obelisco.
FIORAVANTI, Sonia; SPINA, Leonardo (1999): *La terapia del ridere*. Edizioni di red studio redazionale.
FISHER, Robert (2001): *Mira hacia atrás y ríete*. Barcelona: Ediciones Obelisco.
FREUD, Sigmund (2000): *El chiste y su relación con lo inconsciente*. Madrid: Alianza editorial, S.A.
HELITZER, Melvin (1992): *Comedy Wrighting Secrets*. Ohio: Writer's Digest Books.
HOLDEN, Robert (1999): *La risa, la mejor medicina*. Barcelona: Ediciones Paidós.
KLEIN, Allen (1991): *¿Y tu de qué te ríes?* Barcelona: Grijalbo Mondadori, S.A.
— — (2000): *Reír es sano: cómo superar los malos tragos con sentido del humor*. Barcelona: Grijalbo Mondadori, S.A.
MACHADO GERREIRO, A. (1997): *Anedotas, contribuão para um estudo*. Lisboa: Editora de Revistas e Livros.
OSBORN, Alex F. (1993): *Applied Imagination: Principles and Procedures of Creative Problem-Solving*. Creative Education Foundation, Incorporated.
PAULOS, John Allen (1998): *Pienso, luego río*. Madrid: Ediciones Cátedra, S.A.
VIGARA TAUSTE, Ana M. (1994): *El chiste y la comunicación lúdica: lenguaje y praxis*. Madrid: Ediciones Libertarias.